**Otfried Höffe, Ludger Honnefelder,
Josef Isensee, Paul Kirchhof**

Gentechnik
und Menschenwürde

Otfried Höffe, Ludger Honnefelder,
Josef Isensee, Paul Kirchhof

Gentechnik
und Menschenwürde

An den Grenzen
von Ethik und Recht

DuMont

Die Deutsche Bibliothek – CIP-Einheitsaufnahme

Gentechnik und Menschenwürde : an den Grenzen von Ethik und Recht /
Otfried Höffe, Ludger Honnefelder, Josef Isensee, Paul Kirchhof (Hg.). -
Köln : DuMont-Literatur-und-Kunst-Verl., 2002
ISBN 3-8321-6008-6

Erste Auflage 2002
© 2002 DuMont Literatur und Kunst Verlag, Köln
Alle Rechte vorbehalten
Ausstattung und Umschlag: Groothuis, Lohfert, Consorten
Gesetzt aus der DTL Documenta
Gedruckt auf säurefreiem und chlorfrei gebleichtem Papier
Satz: Greiner & Reichel, Köln
Druck und Verarbeitung: B.o.s.s Druck und Medien GmbH, Kleve
Printed in Germany
ISBN 3-8321-6008-6

INHALT

VORWORT

Beginnt der Mensch, mit Hilfe der Gentechnik in die eigene Natur einzugreifen? Können medizinische Heilungschancen die Nutzung frühen menschlichen Lebens für die Forschung rechtfertigen? Wo liegen die ethischen und rechtlichen Schranken, wenn es um Gendiagnose vor Einpflanzung eines menschlichen Embryos, um die Entnahme von Stammzellen aus dem verwaisten Embryo oder gar um dessen Herstellung oder Klonierung im Dienst der Forschung geht?

Längst hat sich gezeigt, daß die Suche nach verantwortlichen Lösungen uns in völlig neuer Weise mit den Grundfragen konfrontiert: was der Begriff der Menschenwürde bedeutet und leistet, welcher moralische Status dem künstlich erzeugten Embryo zukommt, wie sich Lebensschutz mit Forschungsfreiheit, Gendiagnostik oder gentechnische Intervention mit den menschlichen Grundrechten verbindet und was daraus für die aktuellen politischen Entscheidungen folgt.

Die Beiträge dieses Bandes setzen sich mit diesen Grundfragen aus unterschiedlichen Perspektiven und Positionen auseinander. Sie gehen auf eine gemeinsame Sitzung zurück, die die Sektionen für Philosophie und für Rechtswissenschaften der Görres-Gesellschaft anläßlich der Generalversammlung im Oktober 2001 veranstaltet haben.

Otfried Höffe, Ludger Honnefelder, Josef Isensee, Paul Kirchhof

Paul Kirchhof
GENFORSCHUNG UND DIE FREIHEIT DER WISSENSCHAFT

Ein Freiheitsrecht gibt niemals Herrschaft über andere. Dieser Elementarsatz unserer Verfassungsordnung bestimmt das Recht als verbindlichen Rahmen für die Begegnung von Menschen, gewährt jedem der rechtsbeteiligten Menschen eine gleiche Freiheit und fordert für jede Wahrnehmung eines Freiheitsrechtes die Achtung vor der gleichen Freiheit des anderen.

Dieses Freiheitsverständnis wurzelt in der Garantie der Menschenwürde, die jedem Menschen allein seines Daseins wegen um seiner selbst willen zukommt und deswegen den Staat mit allen seinen Organen verpflichtet, diese Würde des Menschseins zu achten und zu schützen.[1] Jeder Mensch ist in seinem Dasein und seinem Sosein in dieser würdegeprägten, freiheitlichen Rechtsordnung willkommen, gehört der Gemeinschaft als Berechtigter an, hat einen Anspruch auf Leben, Anerkennung und Entfaltungsmöglichkeiten. Die Erfüllung dieses Achtungs- und Schutzauftrages ist eine Grundbedingung geordneten Zusammenlebens im Staat.[2]

»Medizinischer Fortschritt beruht auf Forschung, die sich letztlich zum Teil auch auf Versuche am Menschen stützen muß«, so sagt es die revidierte Deklaration des Weltärztebundes von Helsinki im Oktober 2000.[3] Ein Arzt, der einen Menschen heilen, ein Forscher, der mehr über den Körper des Menschen wissen will, muß in die Körperintegrität eines anderen eingreifen, dabei teilweise Mäch-

---

1 BVerfGE 88, 203 (252) – Schwangerschaftsabbruch II; vgl. auch BVerfGE 39, 1 (37) – Schwangerschaftsabbruch I.
2 BVerfGE 88, 203 (252).
3 Revidierte Deklaration des Weltärztebundes von Helsinki vom Oktober 2000, Ethische Grundsätze für die medizinische Forschung am Menschen, NJW 2001, 1774 ff., Abschnitt A, Textziffer 4.

tigkeit über Leben und Tod übernehmen. Das Recht formt diese Mächtigkeit von Arzt und Forscher zur Verantwortlichkeit und stemmt sich gegen ein Herrschaftsverhältnis. Es macht die medizinische Behandlungs- und Forschungsbefugnis von der Einwilligung des Betroffenen abhängig, bindet jeden medizinischen Eingriff in dem rechtlichen Fünfklang von Indikation, Aufklärung, Einverständnis, Eingriff lege artis und Dokumentation.[4] Dieser strikte Rechtsmaßstab bewahrt vor Maßstablosigkeit und damit vor Maßlosigkeit.

I. Der Schutz des Lebens vor der Geburt

Der Auftrag zum Schutz des Lebens stellt sich in anderer Perspektive beim ungeborenen menschlichen Leben. Dieses ist zwar schon ein individuelles, in seiner genetischen Identität und damit in seiner Einmaligkeit und Unverwechselbarkeit bereits festgelegtes, nicht mehr teilbares Leben,[5] ist aber im Prozeß des Wachsens und Sich-Entfaltens als Mensch auf die treuhänderische Wahrnehmung seiner Rechte durch andere angewiesen. Der *nasciturus* ist in seiner individuellen Menschenwürde geschützt und hat ein individuelles Recht auf Leben, kann dieses aber in Staat und Gesellschaft nicht selbst wahrnehmen, sondern ist auf den Schutz durch seine Mutter angewiesen, die während der Schwangerschaft mit ihrem Kind eine »Zweiheit in Einheit« bildet. Wird eine zur Tötung des ihr anvertrauten ungeborenen Lebens bereite Mutter zum Gegner ihres Kindes, muß die Rechtsgemeinschaft alle Anstrengungen unternehmen, um das grundsätz-

---

4 Laufs, *Die Elemente der Rechtfertigung ärztlichen Handelns*, in: Laufs/Uhlenbruck, Handbuch des Artzrechts, München 1999, 56 f.
5 BVerfGE 88, 203 (251 f.); BVerfGE 39, 1 (37).

liche Verbot des Schwangerschaftsabbruchs und die korrespondie-
rende grundsätzliche Pflicht zum Austragen des Kindes[6] tatsächlich
zur Wirkung zu bringen. Die Mutter muß das Kind austragen, die
Rechtsgemeinschaft das Kind mittragen.

Seit der In-vitro-Befruchtung findet die Rechtsordnung nun auch
Frühformen menschlichen Lebens vor, bei dem sich die Verpflichtung,
die Würde des Menschen »zu achten«, zwar auf eine vorgefundene,
von der Mutter durch Hinnahme strapaziöser Behandlungen begründete elterliche Beziehung des Hoffens und Bangens stützen kann, die
weitere Entwicklung des Embryos aber von einer willentlich vollzo-
genen Einnistung abhängt. In diesem Anfangsstadium von Leben und
Familie muß das Verfassungsrecht bestimmen, ob und inwieweit sich
die Entwicklung des Menschen im natürlich wie im willentlich gesteuerten Ablauf parallel vollziehen soll.

Mit diesen Fragen stellt sich das Problem der Würde, der Identität
und daraus folgend der Freiheit jedes Menschen wieder fundamental.
Diese Fragen sind nicht Erscheinung einer gottlosen Welt, eines
entchristlichten Staates, sondern zeitgerechte Aufträge der modernen Wissenschaft in der Kontinuität europäischer Verfassungstra-
dition. Die Grundnorm unseres Verfassungsrechts, der Schutz der
Menschenwürde für jedes menschliche Leben, das existiert, wurzelt
in der christlichen Vorstellung vom Menschen als *imago dei* und wird
in den Gedanken der Aufklärung vom vernünftigen, selbstbestimm-
ten Menschen bestätigt. Der Wille zu heilen entspricht dem humanitären Auftrag, den Kranken, Behinderten, Alten und Schwachen zu
helfen; europäisches Rechtsdenken fordert Zuwendung auch für die,
die utilitaristisch nutzlos erscheinen. Und der Auftrag, sich die Erde
untertan zu machen, sagt dem Menschen, daß er mit seiner kärg-
lichen Naturausstattung nur leben und überleben kann, wenn er die

6 BVerfGE 88, 203 (253).

ihm gegebene Vernunft und das daraus erwachsende Wissen zur Erkenntnis und Nutzung der Natur einsetzt.

II. Die Erschwernis der gegenwärtigen Verfassungsdebatte

Unsere Verfassungsdebatte ist aus zwei Gründen erschwert: Jeder, der eine der Idee der Menschenwürde widerstreitende These besten Wissens verbreitet, läuft Gefahr, »Verfassungsfeind« zu sein. Beim Schutz des ungeborenen Lebens steht nicht ein mehr oder weniger an Rechten, die Hinnahme begrenzter Nachteile in Frage, sondern das Leben schlechthin.[7] In dieser Ausgangsperspektive wird eine Entscheidung von besonderer Radikalität gefordert: Es geht um Leben oder Tod, um alles oder nichts bei der Verwirklichung unverzichtbarer Ausgangsprinzipien der Verfassung. In dieser schroffen Fragestellung droht jedem verantwortlichen Suchen und Urteilen in seiner Irrtumsanfälligkeit das schwerste Verdikt des Verfassungsrechts, eine Ausgrenzung aus der verfassungsfundierten Debatte.

Sodann sind unsere Erfahrungen mit dem Schutz des noch ungeborenen Lebens nicht ermutigend: Viele hatten gehofft, das verkümmerte Rechtsbewußtsein in Deutschland durch eine Beratung der Frau und ihres Umfeldes in Krisenlagen zu stärken, und sich dabei insbesondere eine Erneuerung von Recht und Rechtsbewußtsein erwartet, wenn das staatliche Recht die Zweifelnden Beratungsstellen zuführen und damit auch Ethik und Moralität zur Stütze staatlichen Rechts nutzen könnte. Andere haben sich bemüht, den strafrechtlichen Schutz des Ungeborenen, der sich seit 50 Jahren als unzulänglich erwiesen hat und nach der Wiedervereinigung durch die elementar gegenläufigen Rechtstraditionen in der DDR und in der Bundes-

---

7 BVerfGE 88, 203 (255).

republik weiter geschwächt worden ist, zu reaktivieren und allein dadurch den Schutz des Ungeborenen zu erneuern. Andere wiederum verharren angesichts der Vielzahl von Tötungen ungeborenen Lebens in der berechtigten Geste der Anklage, die sich um der Klarheit der Aussage willen auf keine Diskussion um Methoden des Übergangs vom Unrecht zum Recht einlassen will. Alle diese Auffassungen waren vom Bemühen um einen wirksamen Lebensschutz bestimmt. In ihrem Gegeneinander und der wechselseitigen Relativierung aber haben sie erreicht, daß ein kraftvoller Schutz des ungeborenen Lebens in Deutschland heute nicht stattfindet. Dieser Befund ist eine der großen Rechtsenttäuschungen unserer Gegenwart.

III. Der Auftrag der Forschung

1. Forschungsfragen der Gentechnik

Die Genforschung erkundet die biologischen Vorgaben, nach denen sich menschliches Leben und individuelle Freiheit entfalten. Gegenwärtig wählt die Forschung auch die Frühform menschlichen Lebens, den als Menschen Heranwachsenden, zum Gegenstand. Bereits bei dieser Aussage zögern wir, weil der mit Würde und Freiheit begabte Mensch niemals »Gegenstand«, niemals Objekt sein darf, unsere Dogmatik[8] von »Schutzbereich« und »Schutzgegenstand« eines Grundrechts den Menschen räumlich-gegenständlich aus einer übergeordneten Beobachtungsposition beurteilt, obwohl es elementar darum geht, den Menschen in seiner vorgefundenen Existenz unter

---

8 Lerche, *Grundrechtlicher Schutzbereich, Grundrechtsprägung und Grundrechtseingriff*, in: Isensee/Kirchhof, Handbuch des Staatsrechts, Bd. V, Heidelberg 2000, § 121 Rdnr. 11 ff.; Isensee, *Das Grundrecht als Abwehrrecht und staatliche Schutzpflicht*, daselbst, § 111 Rdnr. 40 ff.; Stern, *Idee und Elemente eines Systems der Grundrechte*, daselbst, § 109 Rdnr. 77.

gleichen Menschen willkommen zu heißen, seine Zugehörigkeit in der Gemeinschaft des Rechts anzuerkennen, seine Entwicklung als Mensch zu verstehen, die Menschheit in jedem Menschen gleich zu schützen, den Menschen als Partner, nicht als Gegenstand zu begreifen.

Nähern wir uns also – von bisheriger Dogmatik unbefangen – dieser Wirklichkeit des Lebens, um sie sachgerecht, umfassend und nachhaltig zu beobachten. Der Forscher sucht eine Sache zu begreifen, indem er die Wirklichkeit erfaßt. Erst wenn er weiß, wie sich etwas tatsächlich verhält, kann er dieses Etwas auch denken. Die umgekehrte Methode, erst etwas zu denken, eine vom Denkenden entwickelte verstandesmäßige, ideale und nur vorstellungshafte Konstruktion auf die Realität zu projizieren, wäre unwissenschaftlich. Dies lehrt uns schon Augustinus mit seinem Wort: »Ich forsche, um eine Sache zu wissen, nicht um sie zu denken.«

Art. 1 GG erteilt diesen Auftrag zum realitätsoffenen Begreifen des Vorgefundenen, fordert Respekt vor dem Menschen in seinem Dasein und Sosein und erwartet, daß sich aus diesem Respekt vor dem Tatsächlichen verläßliche Achtungs- und Schutzmaßstäbe ergeben. Auch hier verlangt aber die von der Gentechnik an das Recht gestellte Frage eine erneute Vergewisserung: Wenn biologisch existentes menschliches Leben sich nicht – wie nach der Nidation – in einem stetigen Prozeß ohne weiteres aktives Zutun anderer Menschen entwickelt, sich vielmehr zwischen Zeugung und Geburt Willensakte schieben, so hat die menschliche Begründung von Leben im Reagenzglas zur Folge, daß das Recht auch dieses Geschehen im Labor mit seinen Wertungen bestimmen muß. Für die weitere Entwicklung dieses Lebens kann das Recht nicht bloßen Respekt vor dem natürlichen Lauf der Dinge fordern, sondern nur eine bewußte Annäherung an diesen Lauf verlangen, muß also Handlungsverantwortlichkeiten für die Entwicklung dieses Lebens begründen und einfordern. Während in der Normalität zwischen Zeugung und Geburt lediglich in der Natur vorgegebene Gefahren zu bewältigen sind, schafft der Mensch nunmehr ein von ihm begründetes und zu verantwortendes Risiko der Bestimmungsmacht über den Embryo, der rein faktisch für das Leben, aber auch zu anderen – wissenschaftlichen oder wirtschaftlichen – Zwekken hergestellt und verwendet, der nur der Mutter, aber auch einer Ersatzmutter oder niemandem zugeordnet, der nach Prüfung seiner Eigenschaften zur Weiterentwicklung oder zur Vernichtung bestimmt werden könnte.

Die Forschung nähert sich dieser Grundsatzfrage jeweils in gesonderten Perspektiven ihrer Teildisziplinen. Die Biologie sucht zu erkennen, wie menschliches Leben extrakorporal entstehen kann, vertieft nunmehr aber auch die Erfahrung, daß sich alle Gewebezellen (Blutzellen, Leberzellen, Nervenzellen, Hautzellen u. a.) aus nur einem einzigen Zelltyp entwickelt haben, obwohl sie sehr unterschiedlich geformt sind und verschiedene Funktionen im Organismus ausüben. Diese Entwicklungsfähigkeit von Zellen, ihr biologisches Differenzierungspotential führt die Wissenschaft zu totipotenten Zellen, aus denen sich noch ein ganzer Organismus entwickeln kann; zu pluripotenten Zellen, die noch zu allen Gewebezellen differenziert werden, nicht aber einen vollständigen Organismus ausbilden können; und zu multipotenten Zellen, die bereits eine bestimmte Gewebespezifität ausgebildet haben, aber innerhalb eines Gewebes sich noch ausdifferenzieren müssen.

Während es dieser biologischen Forschung vor allem um das Erkenntnisinteresse geht, diese also im Schutz des Art. 5 Abs. 3 GG verbleibt, hofft die medizinische Forschung, gewebespezifische Zellen zu züchten, um sie bei denjenigen Patienten transplantieren zu können, an deren Organen Zellen irreversibel ausgefallen sind, während das Gesamtorgan noch intakt ist (z. B. bei der Parkinsonschen Schüttellähmung). Erkenntnisse aus Arbeiten mit tierischen embryonalen Stammzellen lassen hoffen, daß Stammzellen sich zu Organen und Geweben entwickeln und zur Heilung schwerer Krankheiten eingesetzt werden können. Dabei ist auch daran gedacht, Heilungschancen aus Stammzellen zu gewinnen, die genetisch mit dem Patienten identisch sind; sie könnten dem Patienten entnommen oder durch – sogenanntes therapeutisches – Klonen hergestellt werden. Die Reproduktionsmedizin beansprucht so einen über ihren ursprünglichen Zweck, die Unfruchtbarkeitsbehandlung, hinausgehenden Auftrag. Diese Medizin ist nicht von vornherein ausschließlich der Weiterentwicklung des Lebens verpflichtet, sondern steht im Dienst der Heilung von Menschen, berührt also neben der Forschungsfreiheit des Wissenschaftlers (Art. 5 Abs. 3 GG) auch den Schutz von Leben und Gesundheit anderer Menschen (Art. 2 Abs. 2 GG).[9]

Diese Entwicklung stellt auch die Rechtswissenschaft vor neuartige, fundamentale Fragen. Kann die verfassungsrechtliche Verpflichtung, die Würde des Menschen »zu achten und zu schützen«, auch für das menschliche Leben im Labor erfüllt werden, wenn ein Embryo nicht zum Leben bestimmt, sondern als Gegenstand der Forschung oder als Heilungsmittel genutzt werden soll? Wer ist für das Leben eines in vitro entstandenen Embryos verantwortlich, wenn die konkrete Bestimmungsmacht für dieses Leben neben der Mutter vor allem dem Arzt und Forscher zugewiesen ist? Gibt das Freiheitsrecht einem Menschen einen Entscheidungsraum, wenn sich zwischen Zeugung und Geburt eine tatsächliche Entscheidungsmacht schiebt? Gestattet der in der Würdegarantie angelegte Gleichheitsanspruch dem Forscher und Arzt, in seinem diagnostischen Wissen über die Entwicklung eines Embryos als menschliches Leben zu verfügen, also nicht nur heilbare Krankheiten zu definieren, sondern Kranke auszusondern, nicht nur behandelbare Schwächen, sondern zu vernichtende Schwache zu bestimmen? Berechtigt die der Forschung eigene Ungewißheit zu irreversiblen Handlungen und Entscheidungen, wenn ein Forschungsvorhaben mit ungewissem Erfolg Embryonen verbraucht

---

9 Vgl. Eberhard Schmidt-Aßmann, *Grundrechtspositionen und Legitimationsfragen im öffentlichen Gesundheitswesen*, Berlin 2001, 47 ff.

oder ein Gentest trotz erheblicher Unsicherheit den Eltern bestimmte Verhaltensweisen empfiehlt?

Diese biologischen, medizinischen, juristischen oder sonstigen Teilforschungen sind nicht in Teilmaßstäben verfassungsrechtlich zu beurteilen, sondern einheitlich als Chancen und Risiken für das menschliche Leben zu begreifen.

2. Verfassungsrechtlicher Schutz der Forschung

Art. 5 Abs. 3 S. 1 GG gewährleistet dem Wissenschaftler einen gegen Eingriffe des Staates geschützten Freiraum, der vor allem die auf wissenschaftlicher Eigengesetzlichkeit beruhenden Prozesse, Verhaltensweisen und Entscheidungen bei dem Auffinden von Erkenntnissen, ihrer Deutung und Weitergabe umfaßt.[10] Damit sich Forschung und Lehre ungehindert an dem Bemühen um Wahrheit als »etwas noch nicht ganz Gefundenes und nie ganz Aufzufindendes« ausrichten können, ist die Wissenschaft – so sagt das Bundesverfassungsgericht in Anlehnung an Wilhelm von Humboldt[11] – in einem von staatlicher Fremdbestimmung freien Bereich persönlicher und autonomer Verantwortung des einzelnen Wissenschaftlers geschützt, allerdings auf staatliche Finanz- und Organisationshilfen angewiesen. Auch die Wissenschaftsfreiheit ist jedoch in den Grenzen gebunden, die die Verfassung selbst in dem Schutz anderer verfassungsrechtlich garantierter Rechtsgüter setzt und die nach Maßgabe der grundgesetzlichen Wertordnung und unter Berücksichtigung der Einheit dieses Wertsystems durch Verfassungsauslegung ermittelt werden müssen.[12] Ein Atomphysiker darf bei seinen Versuchen nicht das Leben anderer

---

10 BVerfGE 35, 79 (112 f.) – Niedersächsisches Vorschaltgesetz, Gruppenuniversität.
11 BVerfGE 35, 79 (113).
12 Vgl. BVerfGE 47, 327 (369) – Hessisches Universitätsgesetz, Informationsverpflichtung über gesellschaftliche Folgen, 90, 1 (11 f.); Indizierung des Buches »Wahrheit über Deutschland«.

gefährden, der medizinische Forscher nicht den Patienten schädigen, der wissenschaftliche Autor nicht das dringend benötigte Buch in der Buchhandlung entwenden.[13]

IV. Menschenwürde und Lebensschutz

1. Das Zusammenwirken von Art. 1 und Art. 2 GG

»Wo menschliches Leben existiert, kommt ihm Menschenwürde zu«.[14] Diese Verbindung von Würde- und Lebensschutz untersagt dem Staat nicht nur unmittelbare Eingriffe in das Leben, sondern verlangt vom Staat, sich schützend und fördernd vor dieses Leben zu stellen, es vor allem auch vor rechtswidrigen Eingriffen anderer zu bewahren.[15] Ihren Grund und ihren Elementarmaßstab hat diese Schutzpflicht in Art. 1 Abs. 1 GG; ihr Gegenstand und ihr Maß werden durch Art. 2 Abs. 2 GG näher bestimmt. Mit der Verankerung im Art. 1 wird der Lebensschutz in diese Ausgangs- und Richtungsnorm der gesamten Verfassung einbezogen, ohne deren Anerkennung die Verfassung ihre Basis verliert, die selbst durch den verfassungsändernden Gesetzgeber nicht abgeändert werden könnte (Art. 79 Abs. 3 GG). Ihren näheren Maßstab gewinnt diese Schutzpflicht durch Art. 2 Abs. 2 GG, wenn der Teilinhalt des Lebens betroffen und dieses auf andere Rechtspositionen abzustimmen ist. Dieser Ausgleich zwischen Leben und anderen Rechtspositionen je nach dem Ziel menschlichen Handelns ist geläufig, insbesondere für Notwehr und Nothilfelagen, für den Kriegsfall, aber auch für staatliche Einrichtungen wie die Straßen, auf denen täglich Menschen fahrlässig getötet werden. Der Gesetzesvorbehalt des Art. 2 Abs. 2 S. 3 GG betrifft das Recht auf Leben, nicht

---

13 Vgl. BVerfGE 47, 327 (369).
14 BVerfGE 88, 203 (252); vgl. auch E 39, 1 (41).
15 BVerfGE 39, 1 (42); 88, 203 (251).

dessen Ursprung, die Menschenwürde. Er kann einen – würdebe-wußten – Ausgleich mit anderen Verfassungsgewährleistungen fordern.

Die Regel, daß die unantastbare Menschenwürde (Art. 1 Abs. 1 S. 1 GG) erst in den »nachfolgenden Grundrechten« (Art. 1 Abs. 3 GG) ihre Ausprägung und konkrete Bedeutung gewinnt, wird in der Rechtsprechung des Bundesverfassungsgerichts ständig praktiziert. Der Schutz von Privat- und Intimsphäre,[16] das strafrechtliche Schuld-prinzip,[17] die Unschuldsvermutung[18] und das Verbot eines Zwangs zur Selbstbezichtigung,[19] der Anspruch des Straftäters auf Resozia-lisierung,[20] das Recht auf Kenntnis der eigenen Abstammung,[21] das Recht am eigenen Namen,[22] Bild[23] und Wort,[24] das Grundrecht auf Datenschutz,[25] der Schutz der persönlichen Ehre,[26] das Recht auf schuldenfreien Eintritt in die Volljährigkeit,[27] die Gewährleistung einer menschenwürdigen Existenz,[28] auch der körperlichen wie gei-stig-seelischen Identität und Integrität[29] haben ihre Wurzel jeweils in Art. 1 GG, finden ihre Verdeutlichung und ihre Anwendungsbedin-gungen im einzelnen aber in einem besonderen Freiheitsrecht.

16 BVerfGE 6, 32 (41); 38, 312 (320).
17 BVerfGE 20, 323 (331); 45, 187 (259 f.).
18 BVerfGE 74, 358 (370 ff.); 82, 106 (114 f.).
19 BVerfGE 38, 105 (114 f.); 56, 37 (41 ff.); 95, 220 (241).
20 BVerfGE 35, 202 (235 f.).
21 BVerfGE 90, 263 (270 f.); 96, 56 (63).
22 BVerfGE 78, 38 (49).
23 BVerfGE 35, 202 (220); BVerfG, NJW 2000, 1021 (1022).
24 BVerfGE 54, 148 (155).
25 BVerfGE 65, 1 (42 ff.).
26 BVerfGE 54, 208 (217 f.).
27 BVerfGE 72, 155 (170 ff.).
28 BVerfGE 82, 60 (85); 99, 246 (259 ff.).
29 BVerfGE 56, 54 (75).

In diesem Zusammenklang von unantastbarer Menschenwürde und gesetzlich auszugestaltendem Lebensschutz zeigt sich ein Wesensmerkmal des Rechtlichen: Ein unveräußerliches und unverletzliches Prinzip muß in einer konkreten Ordnung gegenseitiger menschlicher Rücksichtnahme verdeutlicht und ausgeprägt werden, die im Kategorischen nicht das Absolute erniedrigt, im schonenden Ausgleich nicht das Kompromißhafte zum Prinzip macht. Die Garantie der Menschenwürde kann »absolut« wirken und braucht nicht auf kollidierende Rechte anderer Menschen abgestimmt zu werden, weil dieser Willkommens- und Zugehörigkeitsanspruch nicht mit Rechten anderer kollidiert. Werden hingegen einzelne Berechtigungen aus der Menschenwürde abgeleitet, können diese mit den Rechtspositionen anderer kollidieren und müssen deshalb auf deren Rechte ausgerichtet werden. Deswegen zieht das Grundgesetz die wichtigsten Folgerungen aus der Menschenwürde in den »nachfolgenden Grundrechten« und unterwirft diese besonderen Gewährleistungen auch einem Gesetzesvorbehalt, der den Gesetzgeber als Erstinterpreten des Grundgesetzes zu einem schonenden Ausgleich gegenläufiger Rechte verpflichtet. Dies gilt auch für den Gesetzesvorbehalt des Art. 2 Abs. 2 S. 3 GG für das Recht auf Leben und körperliche Unversehrtheit. Ein Gesetzesvorbehalt wirkt als Relativierungsvorbehalt.

2. Der Beginn des menschlichen Lebens

Die Zughörigkeit jeden menschlichen Lebens zur Schutz- und Friedensordnung der Verfassung, ihre Einbettung in die Maßstäbe der Gesamtverfassung macht den Beginn und das Ende des menschlichen Lebens zu einem der elementaren Definitionsaufträge des Grundgesetzes. Das Bundesverfassungsgericht hat in der Entscheidung zum Schwangerschaftsabbruch[30] ausdrücklich festgestellt, daß Menschenwürde schon dem ungeborenen menschlichen Leben zumindest vom

---

30 BVerfGE 88, 203 (251).

Abschluß der Einnistung des befruchteten Eis in der Gebärmutter (Nidation) an zukommt.» Ob, wie es Erkenntnisse der medizinischen Anthropologie nahe legen, menschliches Leben bereits mit der Verschmelzung von Ei und Samenzelle entsteht«, bedurfte in dem damaligen Verfahren wegen seines Gegenstandes keiner Entscheidung.

Der Schutz des ungeborenen menschlichen Lebens kommt ihm seit der Nidation zu, weil » es sich bei dem ungeborenen um individuelles, in seiner genetischen Identität und damit in seiner Einmaligkeit und Unverwechselbarkeit bereits festgelegtes, nicht mehr teilbares Leben« handelt, das sich im Prozeß des Wachsens und sich Entfaltens nicht erst zum Menschen, sondern als Mensch entwickelt.[31] Die Gentechnik verlangt nunmehr auch eine Antwort auf die Frage, ob bereits mit der Verschmelzung von Ei und Samenzelle der verfassungsrechtliche Schutz eingreift, ob also zwar weder dem männlichen Samen noch der weiblichen Eizelle Menschenwürde zukommt,[32] die befruchtete Eizelle – nach Verschmelzung der Zellkerne – aber schon menschliches Leben begründet und damit der verfassungsrechtliche Schutz beginnt.

Wenn wir die Wirklichkeit wissend begreifen und den verfassungsrechtlichen Schutz auf jedes Entwicklungsstadium individuellen Lebens erstrecken, erfaßt der Lebensschutz bereits das befruchtete Ei, mit dem die Entwicklung des Menschen in seiner abschließenden genetischen Prägung und der dadurch begründeten Individualität beginnt.[33] Mit der Befruchtung ist die Individualität begründet und ein

---

31 Vgl. BVerfGE 39, 1 (37); 88, 203 (252).

32 Christian Starck, in: von Mangoldt/Klein/Starck, Grundgesetz, Kommentar, 4. Aufl. 1999, Art. 1 Abs. 1 Rdnr. 17 f.; Dreier, in: derselbe, Grundgesetz, Kommentar, Bd. I, München 1996, Art. 1 Abs. 1 Rdnr. 58.

33 Starck, a. a. O., Art. 1 Abs. 1 Rdnr. 18; Herdegen, *Die Menschenwürde im Fluss des bioethischen Diskurses*, JZ 2001, 773 (774); Lorenz, *Recht auf Leben und körperliche Unversehrtheit*, in: Isensee/Kirchhof, Handbuch des Staatsrechts, Bd. VI, Heidelberg 1989, § 128 Rdnr. 21.

stetiger Entwicklungsprozeß des Lebens begonnen. Mag dieses extrakorporal erzeugte Leben zur Begründung einer Schwangerschaft, zur
Gewinnung von Material für eine diagnostische oder therapeutische
Verwendung, für eine Nutzung zu Forschungszwecken geschaffen
sein, mag der Embryo als Nebenprodukt einer lege artis durchgeführ-
ten Maßnahme künstlicher Reproduktion entstanden sein, stets trägt
dieses existente menschliche Leben objektiv die Anlage in sich, sich
als Mensch zu entwickeln. Deshalb greift hier der grundrechtliche Lebensschutz ein. Spräche man dem Embryo den Schutz der Menschenwürde ab, weil er nicht über Ich-Bewußtsein, Vernunft, Fähigkeit zur
Selbstbestimmung verfügt,[34] so müßte auch der nicht zur eigenver-
antwortlichen Lebensgestaltung fähige Geborene – etwa der Säugling
oder der Geisteskranke – seine Würde verlieren.

Dieser Embryo ist verfassungsrechtlich als Mensch und als Kind
geschützt. Nur wenn es der Rechtsordnung gelingt, den Embryo verläßlich zur Nidation zu bestimmen, gewinnt das Lebensrecht Realität.
Das Embryonenschutzgesetz sucht den Embryo seiner Mutter zuzuordnen und dadurch das Recht zur Geburt zu stärken, indem es nur
die Befruchtung eines Eis gestattet, das für eine Schwangerschaft bei
der das Ei spendenden Frau bestimmt ist. In dieser Zuordnung zur
Mutter beansprucht der Embryo als Mensch Würde und Lebensrecht,
als Kind den besonderen Schutz durch seine Mutter, die sich durch
eine strapaziöse Behandlung auf ein Kind vorbereitet hat und insoweit
»guter Hoffnung« ist. Die Rechtsordnung hat hier möglichst sicher-
zustellen, daß dieses Recht zum Leben, eingebettet in das Recht zur
Familie, sich tatsächlich verwirklicht. Deshalb muß das Recht gewährleisten, daß eine befruchtete Eizelle grundsätzlich nur in dieser
familiären Nähe und Bereitschaft für Würde und Leben entsteht.

Im übrigen kann die Garantie der Menschenwürde wie das Recht
auf Leben und körperliche Unversehrtheit objektiv-rechtlich auch

---

34 So Dreier, a. a. O., Art. 1 Abs. 1 Rdnr. 50.

schon in einem früheren Stadium einsetzen. Sollte der Gedanke
einer Menschenzüchtung, der Klonierung, und der manipulativen
Erzeugung einer neues Spezies – von Chimären oder Hybriden[35] –
rechtliche Bedeutung gewinnen, müßte sich der Schutz der
Menschenwürde und das Recht auf Leben und körperliche Unversehrtheit als Mensch um der Menschen willen schon vor der Verschmelzung als kategorisches Verbot bewähren. Die objektive
Gewährleistung des Art. 1 Abs. 1 GG gewinnt praktische Bedeutung
insbesondere, wenn genetische Prozesse vor Entstehen eines Menschen eingeleitet werden, wenn der Mensch als Embryo und *nasciturus* geschützt werden muß, bevor der Berechtigte selbst seine
Rechte ausüben kann, und wenn der Berechtigte ausdrücklich auf
einen Schutz verzichtet, er sich etwa um des Einkommens willen
auf entwürdigende Arbeitsbedingungen einlassen will. Die Verschmelzung von Ei und Samenzelle begründet deshalb nicht den
Beginn des Menschenrechtsschutzes, sondern bestimmt ein diesen
Schutz beanspruchendes individuelles Leben.

V. Die Herstellung von Embryonen in vitro

Das Zusammenwirken von Menschenwürdeschutz und Lebensschutz bewährt sich beim Embryo dadurch, daß der Würdeschutz bereits dem Zweck einer Herstellung eines Embryos in vitro
einen Maßstab gibt, der Lebensschutz das dabei entstandene Leben
in die Gesamtrechtsordnung einfügt. Die Herstellung eines Embryos zur Begründung einer Schwangerschaft in Elternverantwortung ist erwünscht, die Herstellung zu anderen Zwecken hingegen
untersagt.

---

35 Sperling, *Gentherapie und Manipulation menschlicher Keime*, in: Lukes/Scholz
(Hg.), Rechtsfragen der Gentechnologie, Köln 1986, 9 (18 ff.).

1. Die Unfruchtbarkeitsbehandlung

Die künstliche Fortpflanzung mit Hilfe einer In-vitro-Fertilisation ist eine als Heilverfahren anerkannte[36] Methode zur Erfüllung eines anders nicht zu verwirklichenden Kinderwunsches. Der Reproduktionsvorgang ist in die Rechtsverantwortung der zum Kind bereiten Eltern, also in den Schutzbereich des Art. 6 Abs. 1 GG und damit der elterlichen Treuhänderschaft eingebettet, dient in dieser Verantwortlichkeit der Entstehung des Lebens und entspricht damit den Wertungen sowohl der Garantie der Menschenwürde wie auch dem Schutz des menschlichen Lebens mit Beginn seiner Existenz.[37]

Der Gesetzgeber, der Erstinterpret der Verfassung, sieht den Embryo in vitro besonders gefährdet und sucht ihn ähnlich zu schützen wie den Embryo in vivo. Das Embryonenschutzgesetz schreibt vor, daß die Eizelle verläßlich der jeweiligen Mutter zugeordnet wird. Eine Eizelle darf nur künstlich befruchtet werden, um eine Schwangerschaft bei der Frau herbeizuführen, von der die Eizelle stammt. Innerhalb eines Zyklus dürfen höchstens drei Embryonen auf eine Frau übertragen werden. Mit diesen Vorgaben sollen Embryonen verläßlich in den Schutz einer Mutter, einer Familienverantwortung gewiesen werden.

Allerdings werden bei der Unfruchtbarkeitsbehandlung mehrere Embryonen auf die Frau übertragen, so daß mit Ausnahme eines Embryos, der sich einnisten soll, alle übrigen vernichtet werden.[38] Durchschnittlich werden in etwa 25 % der Übertragungen zwei Embryonen, in 75 % alle drei Embryonen vernichtet. Dieses wird um des Zieles der Fruchtbarkeitsmedizin willen billigend in Kauf genommen.

---

36 Benda, *Humangenetik und Recht – eine Zwischenbilanz*, NJW 1985, 1730 (1732).
37 Starck, a. a. O., Art. 1 Abs. 1 Rdnr. 18; Benda, a. a. O., 1731; insoweit auch Dreier, a. a. O., Art. 1 Abs. 1 Rdnr 58.
38 Vgl. Keller/Günther/Kaiser, *Embryonenschutzgesetz*, Stuttgart/Berlin/Köln 1992, § 1 Abs. 1 Nr. 3 Rdnr. 3.

Bringt diese Unfruchtbarkeitsmedizin dennoch Embryonen
hervor, die nicht zur Herbeiführung einer Schwangerschaft benötigt
werden – etwa durch einen spontanen Abgang eines noch lebenden
Embryos oder weil die Übertragung unmöglich geworden ist –, so
erfüllen diese Embryonen zwar alle Voraussetzungen menschlichen
Lebens, sind aber zum Sterben verurteilt, wenn sie die unverzichtbare
Lebensbedingung einer Mutter nicht vorfinden. Der Schutz des Em-
bryos in vitro findet seine Grenze in der Bereitschaft der Frau zur
Nidation. Ist die Mutter nicht bereit, soll ein Weiterleben auch nicht
durch eine Ersatzmutter gesichert werden, weil – wie wiederum das
Embryonenschutzgesetz (§ 1 Abs. 1 Nr. 2) vertretbar bestimmt – »ge-
spaltene Mutterschaften« verhindert werden sollen, die künstliche
Befruchtung von Rechts wegen in einer Elternschaft der genetischen
Mutter gebunden ist,[39] um den familiären Schutz nicht in einer freien
Zuordnung von Embryo und austragender Frau zu gefährden und
damit die verläßlichste Struktur eines Schutzes zu lockern.

Die Existenz eines Embryos verpflichtet somit selbstverständlich
keine Frau, sich einen fremden Embryo übertragen zu lassen, gibt der
Rechtsordnung aber auch keinen zwingenden Anlaß, eine freiwillig
bereite Ersatzmutter zu suchen. Der Respekt vor der natürlich vorgefundenen Sozial- und Schutzordnung für das Leben zielt auf die
Schwangerschaft der Frau, von der die Eizelle stammt. Die Mutter
gibt dem Embryo die Kontinuität einer Entwicklung als Mensch, die
Identität der in der Eizelle angelegten und in der Nidation bestätigten
Person. Hier setzt der Schutz der Elternschaft und damit der Familie
(Art. 6 Abs. 1 GG) an. Dessen Schutzauftrag verpflichtet die Rechtsordnung, soweit als möglich zu gewährleisten, daß Embryonen nur
innerhalb einer zum Kind bereiten Elternschaft entstehen. Ist eine
Schwangerschaft der Frau, von der die Eizelle stammt, nicht möglich,

---

39 Vgl. Keller/Günther/Kaiser, a. a. O., § 1 Abs. 1 Nr. 2 Rdnr. 5.

so ist der Embryo – nach natürlicher wie nach künstlicher Verschmelzung gleichermaßen – nicht zum Leben bestimmt. Fortpflanzung setzt
in beiden Fällen voraus, daß sich nicht jeder Embryo zum Menschen
entwickelt.

2. Die Gewinnung von Stammzellen

Werden Embryonen in vitro hergestellt, um – zur unbeschränkten
Selbsterneuerung fähige und zur Ausreifung in verschiedene Gewebe-
und Zelltypen geeignete – Stammzellen zu gewinnen, so entsteht
menschliches Leben, dieses menschliche Leben soll aber allein zum
Erkenntnisgewinn hervorgebracht werden. Ihm wird jeder eigene
Wert abgesprochen. Deshalb verstößt jeder Befruchtungsprozeß,
in dem die individuelle Entwicklung des Embryos als Mensch von
vornherein ausgeschlossen wird, diese Entwicklung nicht der Treuhänderschaft der Eltern, sondern der in Forschungsperspektiven
disponierenden Wissenschaftler überantwortet wird, gegen die
Menschenwürde.[40] Die Garantie der Menschenwürde verbietet ein
menschliches Handeln, das menschliches Leben entstehen läßt, das
zwar nach Art. 2 Abs. 2 S. 1 ein Recht auf Leben beanspruchen darf, das
aber den gesellschaftlichen und rechtlichen Vorkehrungen nach von
vornherein nicht der Gemeinschaft berechtigter Menschen zugerech-
net wird, das in der Rechtsordnung nicht als Mensch willkommen ist.

Gleiches gilt für die Erzeugung von Embryonen, die allein einer
Stammzellentherapie dienen soll. Diese Therapie jedenfalls schwerwiegender Krankheiten ist zwar durch das Recht auf Leben und körperliche Unversehrtheit der Heilungsbedürftigen (Art. 2 Abs. 2 S. 1
GG) veranlaßt und mag insoweit eine stärkere rechtfertigende Kraft
haben als die Forschungsfreiheit des Art. 5 Abs. 3 GG. Es bleibt aber
auch hier bei dem Befund, daß menschliches Leben hergestellt werden

---

40 Herdegen, a. a. O., 773 (776).

soll, ohne diesem Leben eine eigenständige Entwicklung zur Geburt zu erlauben. Auch hier greift der Schutz der Menschenwürde mit einem Verbot, bevor das Leben entstehen und damit der Schutzbereich des Art. 2 Abs. 2 S. 1 GG eröffnet werden kann.

VI. Die Stammzellenforschung

Das Zusammenwirken von Menschenwürdegarantie (Art. 1 Abs. 1 GG) und Lebensschutz (Art. 2 Abs. 1 GG) fordert einen je nach dem vorgefundenen Leben bemessenen, realitätsgerecht gestuften Schutz, der dem schon geborenen Menschen in anderer Weise zukommt als dem Embryo im Mutterleib, den Embryo vor der Nidation anders erfaßt als nach der Nidation.

1. Verwendung legal erzeugter Embryonen

Die Frage der verfassungsrechtlichen Zulässigkeit einer Zellforschung stellt sich zunächst, soweit im Rahmen zulässiger – auf die Nidation und Geburt angelegter – künstlicher Befruchtung Embryonen anfallen, die nicht implantiert werden oder bleiben. Für diese verwaisten Embryonen ist zu entscheiden, ob sie verworfen werden oder aber für therapeutisch orientierte Forschung zur Verfügung stehen. Bei dieser Alternative, in der die Rechtsfolge des Lebensschutzes nicht mehr greift und allein der Würdeschutz nachwirkt,[41] in der aus dem zur Geburt fähigen Leben ein nicht auf Fortentwicklung durch Nidation angelegter Embryo geworden ist, in der also der zum Leben berechtigte Embryo seine Lebensbedingung Mutterschaft nicht vorfindet, erlaubt die Verfassung dem Gesetzgeber, das Verfassungsgut der Heilung schwer kranker Menschen gegenüber einer Verwerfung

---

41 Vgl. BVerfGE 30, 173 (194) – Mephisto.

von Embryonen abzuwägen und zugunsten der medizinischen Forschung und Heilung zu entscheiden. Die tatbestandliche Feststellung
dieser Voraussetzungen weist dem Gesetzgeber eine besondere Defi-
nitionslast zu. Wenn eine Entwicklung als Leben nicht mehr möglich
ist, darf eine Gewichtung auch zugunsten anderer Verfassungsgüter
erwogen werden.

Mit dieser in der Wirklichkeit angelegten Forschungschance entsteht allerdings die Gefahr, daß um der Forschungsziele willen ein
Embryo mißbräuchlich erzeugt, das strikte Erzeugungsverbot also
umgangen wird. Deswegen gelten als weitere Voraussetzung dieser
therapeutischen Forschung, daß erstens die Herkunft des Embryos
verläßlich dokumentiert wird, zweitens die therapeutische Forschung
nach gegenwärtig möglicher Prognose konkret greifbare Heilerfolge er-
zielen kann, drittens die Forschungsziele nicht auf anderem, Embryonen verschonendem Wege in ähnlicher Weise verfolgt werden können
und viertens die Forschungsaufgabe und die spätere Therapie institutionell und individuell treuhänderisch tätigen Personen anvertraut ist.

Der Würdeschutz verlangt damit insbesondere, daß es keine zur
Erreichung der Forschungsziele geeignete Alternative gibt. Zu prüfen
ist vor allem, ob die Erforschung des Potentials der Stammzellen, die
sich im Körper von erwachsenen Menschen befinden (adulte Stammzellen), gleiche oder gar bessere Resultate in der Erforschung von Heilungschancen bei schweren Krankheiten versprechen. Gegenwärtig
gibt es gewichtige Stimmen in der Medizin, die einen Ersatz von zer-
störten Zellen und Geweben sich von einer Therapie ohne Embryonen
erhoffen und auf die Wandelbarkeit adulter Stammzellen setzen oder
auch den Einsatz von Medikamenten erwägen, um Stammzellen im
Körper zur Vermehrung und zur Bildung des gewünschten Zelltyps
anzuregen. Der Hinweis, nur eine vergleichende Untersuchung
erwachsener wie auch embryonaler Stammzellen vermittle hinreichende Forschungsgewißheit, verfängt in der Gegenwart aktueller
Umgehungsrisiken nicht.

Das Erfordernis, nur treuhänderisch handelnde Personen mit der Forschung und Therapie zu beauftragen, folgt der Einsicht, daß Würdeschutz verantwortliches Handeln veranlassen muß und nicht bei bloßen Ge- und Verboten stehenbleiben darf. Zu erwägen sind hier rechtlich-normative Qualifikationsnachweise für Biologen und Mediziner, ein institutionell gesichertes Zusammenwirken von Forscherdrang und Moralität, eine stetige Auseinandersetzung zwischen staatlichem Recht und gesellschaftlichem Ethos in jeweiliger Unabhängigkeit, eine wissenschaftliche Erneuerung des Zusammenhalts von Menschenrechten und ihren kulturellen Voraussetzungen.

In der gegenwärtigen Phase der Grundlagenforschung dürfte das Bemühen der Forscher um individuellen Eigentumserwerb, also das Streben nach Patenten und sonstigen Erwerbsvorteilen, treuhänderischem Handeln zumindest so lange entgegenstehen, als die Heilungschance noch nicht individuell und konkret greifbar ist. Die derzeitige Diskussion um einen besonders sensiblen Rechtsgüterschutz könnte deutlich versachlicht werden, wenn nicht ein internationaler Wettbewerb um Patente und andere wirtschaftlich wertvolle Ausgangspositionen die Forscher in eine ökonomische Konkurrenzlage zwänge und eine behutsame Rechtsgüterabwägung zu überlagern drohte.

2. Die Verwendung illegal erzeugter Embryonen

Sind Embryonen illegal erzeugt worden, so kommt ihnen ungeachtet ihres Entstehensgrundes der uneingeschränkte Schutz der Menschenwürde und des Rechts auf Leben zu, allein weil sie existieren. Ebenso wie ein Kind, das durch einen rechtswidrigen Akt – etwa eine Vergewaltigung – gezeugt worden ist, selbstverständlich den originären, allein in seiner Existenz begründeten Schutz in Anspruch nehmen darf, steht auch der illegal erzeugte Embryo unter diesem verfassungsrechtlichen Schutz. Für den Entstehensgrund von Leben gilt ein kategorisches Differenzierungsverbot.

In gleicher Weise sind Embryonen geschützt, die unter Geltung einer anderen Rechtsordnung legal erzeugt, dann aber in den Geltungsbereich des Grundgesetzes verbracht, also unserem Recht anvertraut worden sind.

Der Grundsatz eines gleichen Schutzes greift auch gegenüber gegenläufigen Erwägungen, die bei einem rechtswidrig erzeugten, überzähligen Embryo eine Nutzung zu therapeutischen Zwecken ausschließen wollen, um der Mißbrauchsgefahr einer Erzeugung trotz Rechtswidrigkeit wegen sich daran anknüpfender wissenschaftlicher Nutzbarkeit vorzubeugen. Dieser Gedanke, der insbesondere in verfahrensrechtlichen Verwertungsverboten für rechtswidrig erworbene Kenntnisse[42] eine Parallele sucht, ist aber auf den Schutz von Menschenwürde und Leben nicht übertragbar, weil er den Schutz des Lebens für rechtspädagogische Erwägungen oder gar für einen Folgenbeseitigungsanspruch instrumentell einsetzen würde. Der Schutz des Lebens und seine Grenzen haben ihren alleinigen Geltungsgrund in der Existenz eines Menschen, nicht in der Art und Weise der Entstehung. Auch für das illegal erzeugte Leben gilt der Anspruch auf Leben und der Abwägungsauftrag beim verwaisten Embryo, dessen Fortentwicklung durch Nidation objektiv unmöglich ist. Die Verpflichtung zu einem wirksamen Schutz gegen illegale Erzeugung fordert zwar von der deutschen Rechtsordnung, jede Mitwirkung oder Förderung dieser Illegalität zu verbieten. Auch bieten das Völkerrecht und rechtliche Dokumentationspflichten eine Brücke, um auf die Maßstäbe des ausländischen Rechts einzuwirken. Wenn aber dennoch Embryonen hergestellt sind, gilt der Auftrag zu Lebensschutz und Nidation; ist dieser Schutz nicht möglich, steht die Rechtsordnung vor der Aufgabe, zwischen Verwerfen und medizinischer Nutzung zu entscheiden.

---

42 Eisenberg, *Beweisrecht der StPO*, 3. Aufl., München 1999, Teil 1, Kap. 3 Rdnr. 356 ff.

VII. Die Präimplantationsdiagnostik

Die Forschung gewinnt weitere Erkenntnis- und Handlungsmöglichkeiten durch die Präimplantationsdiagnostik. Diese Diagnosemaß-
nahmen suchen Krankheiten oder Behinderungen des sich
entwickelnden Embryos oder Gesundheitsgefahren für die Mutter
festzustellen und den Eltern damit die Entscheidung zu ermöglichen
oder aufzudrängen, ob sie ein krankes oder behindertes Kind zur Welt
bringen und welche Folgerungen sie bei einer Gefährdung der Mutter
ziehen wollen. Diese Diagnostik wirft zwei verfassungsrechtliche Fragen auf:

Teilweise wird die Präimplantationsdiagnostik an einer entnom-
menen totipotenten Zelle durchgeführt, um eine Entscheidungsgrund-
lage für die Implantation des verbleibenden Embryos zu gewinnen.
Diese vom Embryo abgespaltene, totipotente Zelle definiert § 8 Abs. 1
ESchG als »Embryo«; § 6 Abs. 1 ESchG verbietet deshalb diese Abspal-
tung als Klonen.[43] Die Vernichtung dieser Zelle ist von Anfang an
vorgesehen, insoweit kein Heilversuch.

Zukünftige Diagnostik hofft allerdings, aus der äußeren Embryo-
hülle eine nicht mehr totipotente Zelle abzuspalten. Dann liegt das
Verfassungsproblem in dem Zusammenhang von Diagnostik und
damit aufgedrängter Entscheidung, ob der Embryo eingepflanzt werden soll. Ein solches ärztliches Wissen kann sich schon aus der bloßen
Beobachtung des Embryos ergeben, aber durch einen Informations-
eingriff auch erst begründet oder erweitert werden. Das mit der Diagnose verbundene Wissen kann, so wird zu Recht befürchtet, eine
»Zeugung auf Probe« veranlassen, »Züchtungsperspektiven« eröffnen
und einen »Selektionsdruck« hervorrufen. Präimplantationsdiagnostik
ist dann der erste Schritt zur Tötung. Deshalb gilt auch hier zunächst

---

43 Vgl. auch Keller/Günther/Kaiser, a. a. O., § 6 Rdnr. 4.

die Regel, daß der Embryo Existenz in seinem Dasein und seinem Sosein beansprucht. In der Abwägung dieses Rechts bedarf es aber auch
hier einer Differenzierung je nach dem tatsächlichen Gefährdungszu-
sammenhang, in dem der Embryo steht.

Eine Präimplantationsdiagnostik wäre gerechtfertigt, wenn vor
der Diagnose ein tatsächlicher Anlaß für die Sorge besteht, daß die
Beschaffenheit des Embryos das Leben der Mutter bedrohen oder ihre
körperliche Unversehrtheit in schwerwiegender Weise gefährden
könnte.[44] Die Präimplantationsdiagnostik betrifft einen Embryo, der
mit dem Ei einer bestimmten Mutter gewonnen und deswegen dieser
Mutter zu implantieren ist. Im Rahmen dieser Elternschaft ist die
Mutter berechtigt, in Wissen und Handeln ihr Leben und ihre Körperintegrität zu bewahren. Im übrigen aber haben die Eltern keinen
Anspruch, über die Befindlichkeit des Embryos, eines fremden
Rechtsträgers, informiert zu werden. Hier treten das Informations-
recht der Eltern und ebenso das Selbstbestimmungsrecht der Mutter
gegenüber dem Würde- und Lebensanspruch des willentlich hervor-
gebrachten Embryos ebenso zurück wie nach der Nidation bei der
Schwangerschaft. Wiederum begründet das schon entstandene
Elternrechtsverhältnis (Art. 6 Abs. 1 GG) eine der Nidation ähnliche
Zugehörigkeit.

Schlechthin ausgeschlossen erscheint eine Instrumentalisierung
der elterlichen Treuhänderschaft zu dem Entscheidungsrecht, durch
Präimplantationsdiagnostik das Geschlecht des zukünftigen Kindes
zu bestimmen und dementsprechend über den Embryo zu verfügen.
Dieses wird durch § 3 Embryonenschutzgesetz bereits im Vorfeld
ausgeschlossen.

Bestehen tatsächliche Anhaltspunkte für die Diagnose, daß der
Embryo nach medizinisch fundierter Prognose sich nicht zu einer

---

44 Vgl. BVerfGE 88, 203 (254) – Schwangerschaftsabbruch.

Lebendgeburt entwickeln wird, so ist die Implantation der Mutter nicht zumutbar. Die Diagnose und die daran anknüpfende Entscheidung zur Verwerfung des Embryos sind verfassungsgemäß. Soll die Diagnose vor der Geburt eines behinderten Menschen schützen, so verbieten Art. 1 und Art. 2 GG diese Diagnose zum Zwecke der Verwerfung. Niemand ist wegen seiner Behinderung in seinem Lebensrecht geschwächt. Eines ergänzenden Hinweises auf Art. 3 Abs. 3 S. 2 GG, wonach niemand wegen seiner Behinderung benachteiligt werden darf, bedarf es nicht.

Sind nach verläßlichen tatsächlichen Anhaltspunkten rechtserhebliche Gefahrenlagen nicht aufzuklären, hat der Gesetzgeber im Lebensinteresse des Embryos Maßnahmen der Präimplantationsdiagnostik ausnahmslos zu verbieten. Diagnostisches Wissen begründet hier bereits eine Rechtsgütergefährdung, die das Grundgesetz nicht zuläßt. Im übrigen ist eine Präimplantationsdiagnostik nur zulässig, wenn nicht andere Methoden zu gleichwertigen Erkenntnissen und Befunden führen. Der Gesetzgeber hat deshalb durch ein Verbot weitergehender Ausforschung ärztlicher und elterlicher Erkenntnis Grenzen zu setzen. Die Forschungsfreiheit schützt nicht die Neugierde schlechthin, nicht den Drang nach immer mehr Wissen, sondern ist als ein in die Gesamtverfassungsordnung eingebettetes Freiheitsrecht zum Schutze anderer Rechtsgüter begrenzt.

VIII. Ergebnis

Im Ergebnis ist die vor uns liegende Entwicklung rechtlich in klaren Grenzen zu begleiten, die differenzierende Urteilskraft fördern, ohne eine Orientierungsschwäche zu verursachen. Deshalb stelle ich meine Überlegungen in sechs Thesen zur Diskussion:

1.

Die Herstellung eines Embryos zur Begründung einer Schwangerschaft in Elternverantwortung ist erwünscht, die Herstellung zu anderen Zwecken untersagt.

2.

Bei der Unfruchtbarkeitsbehandlung nimmt die Rechtsordnung in
Kauf, daß mehrere Embryonen auf die Frau übertragen, also Embryonen vernichtet werden.

3.

Sind nicht implantierte, nicht die Lebensbedingung von Nidation
und Mutterschaft vorfindende Embryonen vorhanden, erlaubt die
Verfassung dem Gesetzgeber die Wertung, diese Embryonen nicht
bloß zu verwerfen, sondern auch zur Heilung schwerkranker Menschen einzusetzen, wenn erstens das Entstehen der Embryonen verläßlich dokumentiert, zweitens ernstliche und gewichtige Heilerfolge
gegenwartsnah zu erwarten, drittens schonendere Forschungsalterna-
tiven nicht verfügbar und viertens die Eingriffe treuhänderisch tätigen
Menschen anvertraut sind.

4.

Illegal erzeugte Embryonen genießen den Schutz der Verfassung
mit gleichen Inhalten und Schranken wie jedes Leben. Die Nutzung
eines Embryos, dessen Entwicklung zur Nidation tatsächlich oder
rechtlich unmöglich ist, für therapeutische oder für Forschungszwecke
darf nicht zur Abwehr mißbräuchlicher illegaler Embryonenherstel-
lung untersagt werden, weil der Schutz des Lebens nicht für rechtspädagogische Maßnahmen oder für einen Folgenbeseitigungsanspruch
instrumentalisiert werden darf.

5.

Die Entnahme totipotenter Zellen zur Präimplantationsdiagnostik ist unzulässig.

6.

Im übrigen wird eine Präimplantationsdiagnostik nur zulässig sein, wenn Tatsachen die Gefahr begründen, daß die Mutter gefährdet oder eine Lebendgeburt des Kindes nicht zu erwarten ist.

Josef Isensee
DER GRUNDRECHTLICHE STATUS DES EMBRYOS –
Menschenwürde und Recht auf Leben
als Determinanten der Gentechnik

I. »Brave new world« –
Utopie des biotechnischen Schreckens

»O Wunder!
Was gibt's für herrliche Geschöpfe hier!
Wie schön der Mensch ist! Schöne neue Welt,
Die solche Bürger trägt!«

Das helle Entzücken, das aus diesen Worten Mirandas in Shakespeares *Sturm* klingt, wandelt sich in Hohn und Entsetzen, wenn Aldous Huxley sie im Jahre 1931 als Motto für einen Zukunftsroman zitiert, der ihnen auch seinen Titel borgt. *Schöne neue Welt* – das ist die Menschheit im Jahre 632 nach Ford, in der die alte Utopie sich erfüllt: daß die Bedürfnisse des einzelnen und die der Gesellschaft zur Übereinstimmung gelangen, doch nicht, wie es die Prophetie von Marx und Lenin wollte, durch Erziehung des Menschen dahin, daß er als freiwilliges Nutztier nach seinen Fähigkeiten arbeite und nach seinen Bedürfnissen verzehre, sondern durch biologische Manipulation. Der Staat übernimmt die Macht über die Gene, plant das Genom nach dem gesellschaftlichen Bedarf und schafft den Zufall der Zeugung ab. Private Elternschaft gilt als obszön, Promiskuität dagegen als moralisch geboten. Die »herrlichen Geschöpfe«, welche die schöne neue Welt bevölkern, sind gentechnische Kunstprodukte, fabrikmäßig in Serien geklont, im Brutapparat entwickelt, am Fließband genährt und durch automatisierte Pädagogik nach Maßgabe der jeweiligen sozialen Bestimmung aufgezogen, so daß für jedermann die Übereinstimmung von Begabung und Neigung, Trieb und Nutzen hergestellt, das konfektionierte Glück eines bequemen, leidenschafts- und schmerzlosen Daseins zugeteilt wird, damit die Zufriedenheit des einzelnen und die Stabilität des Gesamtsystems gewährleistet ist.

Huxley denkt das Fortschrittsideal der Moderne konsequent weiter und projiziert es in die Zukunft: das Streben nach Daseinsentlastung, nach Befreiung von seelischem und körperlichem Leid, nach Emanzipation aus natürlichen, gesellschaftlichen und moralischen Abhängigkeiten. Am Ende steht nicht das irdische Paradies, von dem die progressionsfreudige Moderne träumte, sondern eine Schreckenswelt, die perfektionierte Entwürdigung des Menschen.

15 Jahre nach der Niederschrift seiner Utopie, im Jahre 1946, meinte Huxley, er habe mit den 600 Jahren, um die er seine schöne neue Welt in die Zukunft verlagert habe, zu weit gegriffen; sie könne uns schon binnen eines einzigen Jahrhunderts auf den Hals kommen.[1] Heute, so scheint uns, ist selbst diese Schätzung zu weit gegriffen. Tagesnachrichten vermischen sich mit Science-fiction, seit im Jahre 2001 das menschliche Genom durchbuchstabiert und (angeblich) »entschlüsselt« ist. Das Buch des Lebens, so heißt es, liege nun aufgeschlagen vor uns. Nicht lange werde es dauern, so würden wir es lesen, mehr noch: seinen Text umschreiben können. Die zweite Genesis stehe bevor.

In der Tat könnte die Menschheit nun in ein neues Zeitalter eintreten. Bislang bezog sie ihre Aufgabe, sich die Erde untertan zu machen, auf die natürliche Umwelt. Diese gestaltete sie um nach ihren Bedürfnissen. Nun geht sie dazu über, ihre eigene biologische Konstitution umzugestalten und, was sie bislang nur an Pflanzen und Tieren übte, die Zucht, auf die eigene Spezies anzuwenden, die Evolution in die

---

1 Aldous Huxley, *Schöne neue Welt*, Frankfurt a. M. ⁵⁸2000, 19 [engl. Neuausgabe: *Brave new world*, 1949].

eigene Hand zu nehmen. Zuvor gipfelte die Macht des Menschen darin, seinesgleichen zu töten. Ob er sich der Keule bediente wie Kain gegen seinen Bruder Abel oder der Atombombe, das machte nur einen quantitativen Unterschied. Denn die Macht beschränkte sich auf die biologische Existenz des Menschen. Nun aber greift sie zu auf die biologische Essenz. Was bisher als Schicksal hinzunehmen war, wird nun verfügbar. Die Kontingenz natürlicher Prozesse wird abgelöst durch Plan und Entscheidung.

Lebten wir noch in der Neuzeit, die sich als die Moderne verstand, so hätten die genbiologischen Entdeckungen des Jahres 2001 einhelligen Jubel ausgelöst, weil sie die wissenschaftlichen Kenntnisse erweitern und einen Zugewinn an Lebensqualität und Freiheit versprechen. Doch sie wecken weithin – auch – Schauder und Furcht, wie sie der mittelalterliche Mensch empfand, wenn der Forscher in die Geheimnisse der Natur eindringen wollte. Die Fortschrittseuphorie schlägt um in Fortschrittsphobie. Die Utopie tritt nicht mehr als Heilsvision auf, sondern als Drohung. Huxleys Prognose geht auf. Er zitiert den russischen Philosophen Nikolai Berdjajew: »Utopien erweisen sich als weit realisierbarer, als man früher glaubte. Und wir stehen heute vor einer auf ganz andere Weise beängstigenden Frage: Wie können wir ihre endgültige Verwirklichung verhindern? ... Utopien sind machbar. Das Leben hat sich auf Utopien hinentwickelt. Und vielleicht beginnt ein neues Zeitalter, ein Zeitalter, in dem Intellektuelle und Gebildete Mittel und Wege erwägen werden, die Utopien zu vermeiden und zu einer nichtutopischen, einer weniger ›vollkommenen‹ und freieren Gesellschaftsform zurückzukehren.«

II. Ratlosigkeit und Verfassung

1. Ethische Irritation

Die gentechnischen Möglichkeiten, die sich heute bieten oder abzeichnen, führen zu tiefer ethischer Irritation. Die tradierten Verhaltensmuster versagen vor den neuartigen Fragen der Forschung mit humanen Stammzellen, der Präimplantationsdiagnostik, der Manipulation des menschlichen Genoms.[2] Die politische Klasse hat keine ethische Orientierung, aber sie sucht eifrig danach. Ethikkommissionen, die regional, national, international wie Pilze aus dem Boden schießen, *lösen* nicht das Problem. Sie *sind* das Problem.

Humangenetiker staunen, wie geläufig Theologen, Philosophen und Juristen heutzutage von Blastomeren und Blastozysten reden und wie kennerhaft sie die Aussicht einschätzen, ob sich aus adulten Zellen durch Rückbau totipotente Zellen gewinnen lassen. Mancher Lebenswissenschaftler werde sich bald nur noch in Begleitung eines Verfassungsjuristen und Moraltheologen ins Labor trauen, so spottet ein Biologe, der Präsident der Max-Planck-Gesellschaft. Er selber aber traut sich, »gleichzeitig den ökumenisch vereinten deutschen Bischofskonferenzen, den Partei- und Fraktionsvorsitzenden von CDU, CSU und Grünen, dem biopolitisch gleichgeschalteten Gesamtethikrat deutscher Tageszeitungen und dann sogar auch noch dem Bundespräsidenten zu widersprechen, als frecher Hecht im dicht an dicht besetzten Karpfenteich moralischer Hochgesinnung«.[3] Worin besteht die Widerrede? Der Biologe legt unter selektiver Heranziehung theologischer und rechtsvergleichender Argumente seine eigene Auslegung

---

2   Bestandsaufnahmen der wissenschaftlichen und der praktischen Fragen: Ludger Honnefelder/Peter Propping (Hg.), *Was wissen wir, wenn wir das menschliche Genom kennen?*, Köln 2001; Christian Geyer (Hg.), *Biopolitik*, Frankfurt a. M. 2001.

3   Hubert Markl, *Von Caesar lernen heißt forschen lernen*, in: FAZ v. 25. Juni 2001, Nr. 144, 52, zugl. in: Geyer (N 2), 177 ff.

des Grundgesetzes dar und verkündet, wann Leben im Sinne der Verfassung beginnt und was die Würde des Menschen erheischt. Damit reiht er sich ein in die offene Gesellschaft der Verfassungsinterpreten, in der sich der professionelle Verfassungsjurist an die Wand gedrückt findet von den vielen, die aus dem Grundgesetz praktische Richtlinien für die humangenetische Forschung ableiten.

In der Tat gibt es kein Juristenmonopol für die Exegese der Verfassung, vollends nicht für die lapidaren Normen der Würde des Menschen und des Rechts auf Leben. Diesen Normen eignet eine Art Evidenz für jedermann. Doch gerade darin liegt das Dilemma, daß jedermann sich den Würde- und Lebensschutz nach seinen Interessen zurechtdefiniert, die Wissenschaftslobby etwa nach dem Ehrgeiz im Wettbewerb um Forschungsprioritäten und Patente.

Alle sind sich einig, daß Genforschung und Gentechnik die Würde des Menschen nicht antasten dürfen. Doch was ist die Würde und was gebietet sie? Den einen verwehrt die Würde des Menschen das therapeutische Klonen, die Präimplantationsdiagnostik, das Experimentieren mit Stammzellen. Den anderen rechtfertigt sie geradezu derartige Aktivitäten, weil sie Chancen eröffneten, Erbleiden zu vermeiden, bisher unheilbare Krankheiten zu heilen, körperliche Benachteiligungen rückgängig zu machen; grundsätzlicher noch: weil der Mensch ein Wesen mit Fähigkeit und Pflicht zur selbstverantwortlichen Lenkung der eigenen Geschicke sei, dazu berufen, seine Grenzen zu überschreiten, um ganz Mensch zu sein. Dagegen sei es der Gipfel eines Biologismus, der das Menschenwesen tatsächlich zum reinen Tier degradiere, wenn es auf den Besitz eines Satzes menschlicher Gene (von denen ihm auch noch ein sehr hoher Prozentsatz mit vielen anderen Tieren gemeinsam sei) fixiert und die willenlose Hinnahme jedes Zufallsunglücks in der Beschaffenheit dieses Gensatzes als hochmoralisch bewertet werde.[4]

4 Markl (N 3), 52, zugl. in: Geyer (N 2), 177 (189).

2. Erwartungen an das Grundgesetz

Daß die ethische wie die politische Debatte einmünden in die Auseinandersetzung über die richtige Interpretation des Grundgesetzes, ist nicht zu verwundern. Das entspricht des Landes Brauch. Die zerstrittene deutsche Gesellschaft, die keine Religion und kein Ethos zusammenhält, ist sich einig jedenfalls in der Annahme der Verfassung. An sie hängt sich die Hoffnung, die sich vormals auf die Bibel richtete, daß sie, verständig befragt und ausgelegt, die gerechten und zustimmungsfähigen Antworten geben werde.[5] Die praktische Folge geht dahin, daß sich das Gemeinwesen von der Notwendigkeit einer politischen Entscheidung entlastet und auf eine juristische Entscheidung setzt, letztlich auf die des Bundesverfassungsgerichts. Dieses Verfahren hat sich vielfach bewährt und für nicht wenige Streitfragen befriedende Lösungen gebracht. Freilich nicht immer. Gerade auf dem Gebiete des Lebensschutzes gegenüber der Abtreibung hat die Judikatur das Ziel nicht erreicht.

Der naive deutsche Glaube, daß im Grundgesetz die Lösung aller rechtspolitischen Fragen angelegt und vorgeformt sei, stößt zu Recht auf Widerspruch, der sich niederschlägt in der Karikatur von der Verfassung »als juristischem Weltenei, aus dem alles hervorgeht vom Strafgesetzbuch bis zum Gesetz über die Herstellung von Fieberthermometern«.[6] Soll die Aufzählung fortgesetzt werden durch Richtlinien für die Humangenomforschung und durch eine perfektionistische Kasuistik für therapeutisches Klonen? Das ist nicht von vornherein von der Hand zu weisen. Immerhin kommt dem Verfassungsrecht in mehr oder weniger normativer Dichte Allbezüglichkeit

---

5 Zu der besonderen bundesdeutschen Mentalität der Verfassungsbedürftigkeit und des Verfassungspatriotismus: Josef Isensee, *Die Verfassung als Vaterland*, in: Armin Mohler (Hg.), Wirklichkeit als Tabu, München 1986, 11 ff.

6 Ernst Forsthoff, *Der Staat der Industriegesellschaft*, München ²1971, 144.

zu, indem es staatliches Handeln und das ganze staatliche Recht durchdringt und steuert.[7]

Die Maßstäbe der Verfassung sind freilich hochabstrakt, wie es ihrem fundamentalen Inhalt entspricht. Doch sind auch die Probleme, die sich mit der Gentechnik erheben, fundamentaler Natur. Sie führen an die Grenzen der biologischen Essenz des Menschen, können diese verschieben, das menschliche Lebewesen also neu definieren. Die Grenzen des Lebens sind genuine Rechtsfragen. Sie beziehen sich auf die biologische Identität des Subjekts der Menschenrechte und erfassen diese radikal: von ihren Wurzeln her. In ihrer menschenrechtlichen Bedeutung greifen sie tiefer als das konventionelle Kleinklein der grundrechtlichen Schrankenabwägungen bei der Meinungsäußerungs- und Berufsausübungsfreiheit.

Die naiven Hoffnungen auf die Verfassung sehen in dem sicheren Hort bleibender Werte des Gemeinwesens gleichsam den Felsen, der dem Strom der Zeit trotzt. Doch die Vorstellung trügt. Die Verfassung legt sich nicht selbst aus. Sie bedarf der Interpretation. Die Interpreten sind ihrerseits den Einflüssen des Zeitgeistes ausgesetzt, so daß die Interpretation beweglich wird, auch wenn der Text unverrückbar bleibt. Treffender als die Metapher von Fels und Fluß ist die zweier Flüsse mit jeweils eigener Fließgeschwindigkeit. Diese verfassungstheoretische Einsicht darf jedoch kein Grund sein, die Hoffnung auf die Verfassung von vornherein aufzugeben. Im Gegenteil: sie ist Grund, die Verfassung zu befragen und sie sorgfältig und so sachlich wie möglich auszulegen.

---

7 Zur Allbezüglichkeit als Kategorie Alexander Hollerbach, *Ideologie und Verfassung*, in: Werner Maihofer (Hg.), Ideologie und Recht, Darmstadt 1969, 37 (51 f.). Folgerungen: Josef Isensee, *Die alten Grundrechte und die biotechnische Revolution*, in: Festschrift für Alexander Hollerbach, Berlin 2001, 243 ff.

3. Das verdrängte Embryonenschutzgesetz

Die Praxis hat es eigentlich nicht nötig, unmittelbar auf die Verfassung zurückzugreifen und sich der juristischen Schwierigkeit zu unterziehen, die höchste und abstrakteste Norm der staatlichen Rechtsordnung anzuwenden. Denn die Materie ist bereits nahezu umfassend und relativ dicht geregelt durch das Embryonenschutzgesetz aus dem Jahre 1990.[8] Dieses Gesetz steht nicht beziehungslos neben der Verfassung, vielmehr konkretisiert und vermittelt es die Vorgaben, an die es seinerseits gebunden ist.[9] Es reichert die abstrakten Regelungen mit Inhalt an, füllt die Lücken, gleicht die Widersprüche aus und entwickelt so ein praktikables Programm für die Akteure, die es angeht. Das Embryonenschutzgesetz droht Strafe an für die (tatbestandlich näher umschriebene) mißbräuchliche Anwendung von Fortpflanzungstechniken und die mißbräuchliche Verwendung von Embryonen, für die Selektion nach dem Geschlecht bei der extrakorporalen Befruchtung, für Eigenmacht bei der Befruchtung und der Embryonenübertragung, die künstliche Befruchtung mit dem Samen eines Verstorbenen, die künstliche Veränderung menschlicher Keimzellen, das Klonen sowie die Bildung von Chimären und Hybriden. Das ethische Minimum, das die Strafnormen verbindlich festschreiben, ist hoch angesetzt. Das Recht ist hier erheblich strenger als in der Frage der Abtreibung. Die Erklärung liegt nahe, daß die Rigidität des Lebensschutzes auf der einen Seite die Permissivität auf der anderen kompensieren sollte und sich ein Rückstand von schlechtem Gewissen abreagierte. Der Rigorismus in Sachen der Gentechnik kam dem politischen Bedürfnis nach einer Moral entgegen, die den einzelnen nichts kostete, sondern nur Wissenschaft und Wirtschaft belastete. So die

---

8 Gesetz zum Schutz von Embryonen vom 13.12.1990 (BGBl. I 2746; III 453–9).

9 Zur »Grundrechtskonkretisierung zwischen Normbindung und Normfindung« Matthias Jestaedt, *Grundrechtsentfaltung im Gesetz*, Tübingen 1999, 262 ff.

Sicht bei Erlaß des Gesetzes im Jahre 1990, als die meisten Verbote
noch gar nicht praktisch griffen, es handelte sich weithin um Recht auf
Vorrat, und die Verheißungen der Humangenetik noch nicht lockten.
Die Situation hat sich von Grund auf verändert. Nun, da die rechtlichen Verbote die Lebenswelt beeinflussen könnten, zeigt sich, daß
ihre Akzeptanz brüchig und der Durchsetzungswille schwach ist.
Der Bundeskanzler konzediert lakonisch, das Gesetz sei »zunächst
einmal« so zu belassen, wie es sei.[10] Der Ministerpräsident von Nord-
rhein-Westfalen will sofort vollendete Tatsachen mit dem Import von
Stammzellen schaffen und beruft sich auf eine Lücke im Gesetz. Doch
bemüht er sich nicht um den juristischen Nachweis, ob und wieweit
diese wirklich besteht.[11] Im übrigen könnte aus einer Lücke in der
Strafbarkeit nicht ohne weiteres auf die generelle rechtliche Erlaubt-
heit des Handelns geschlossen werden,[12] vollends nicht auf die Zulässigkeit einer staatlichen Förderung. Im Ergebnis zeigt sich, daß sich im
unmittelbaren Rekurs auf das Grundgesetz nicht nur rührendes Ver-
fassungsvertrauen regt, sondern auch Gleichgültigkeit gegenüber dem
Gesetz, das mit seinen klaren und scharfen Verboten lästiger ist als die
deutungsbedürftige, abwägungsoffene, »weiche« Verfassung.

4. Resignation des nationalen Rechts vor der Globalisierung?

In der Humangenetik stößt das staatliche Recht – einschließlich
des Verfassungsrechts – auf die Grenzen seiner Möglichkeiten. Forschung ist international. Wenn sie in einem Lande besonderen recht-

---

10 Gerhard Schröder, *Die Notwendigkeit der Abwägung stellt sich immer wieder neu*
(Interview), in: FAZ v. 3. Mai 2001, Nr. 102, 56, zugl. in: Geyer (N 2), 88 (89).
11 Dazu Rolf Keller/Hans-Ludwig Günther/Peter Kaiser, *Embryonenschutzgesetz*,
Stuttgart u. a. 1992, § 2 Rn. 13: erlaubt sei nur der Import von isolierten, pluripotenten Stammzellen. Zu den verfassungsrechtlichen Aspekten: Matthias Herdegen,
Die Menschenwürde im Fluß des bioethischen Diskurses, in: JZ 2001, 773 (776).
12 BVerfGE 88, 203 (255 ff., 264 ff.).

lichen Beschränkungen unterworfen ist, weicht sie in ein anderes aus, wo sie auf günstigere rechtliche Bedingungen trifft. Nicht minder beweglich operiert die Industrie in der Verwertung der Forschungsergebnisse. Die Wirkungen der nationalen Gesetze brechen sich am internationalen Standortwettbewerb. Der deutsche Gesetzgeber vermag Forschung und Industrie lediglich im eigenen Staatsgebiet zu regulieren und ihnen gegenüber der Konkurrenz im Ausland Nachteile zuzufügen. Der einzelne Staat kann die internationale Entwicklung der Humangenetik nicht steuern und nicht anhalten. Er könnte noch nicht einmal verhindern, daß deutsche Forschungskapazität auswandert und daß deutsche Nachfrage sich ins Ausland verlagert, wo jene medizinischen Leistungen angeboten werden, die im Inland verboten sind. Die wieselflinken Prozesse lassen sich allenfalls rechtlich einfangen durch ein weltweites Kartell der Staaten. Ein einziger Kleinstaat, der rechtliche Schlupflöcher öffnet, macht internationale Verbote zunichte. Jedenfalls reichen Vorkehrungen, die sich auf den europäischen Kontinent beschränken, nicht aus.[13] Auch privater Widerstand gegen die Gentechnik wird mit der Globalisierung zunichte gemacht. Als in

13 Versuch einer europaweiten Regelung für die Mitgliedstaaten des Europarats und darüber hinaus sowie für die Europäische Gemeinschaft: Convention for the Protection of Human Rights and Dignity of the Human Being with Regard to the Application of Biology and Medicine: Convention on Human Rights and Biomedicine (»Bioethik-Konvention«), v. 4. April 1997. European Treaty Series – No. 164; Additional Protocol to the Convention for the Protection of Human Rights and Dignity of the Human Being with Regard to the Application of Biology and Medicine on the Prohibition of Cloning Human Beings v. 12. Januar 1998, European Treaty Series – No. 168. Vgl. dazu Albin Eser (Hg.), *Biomedizin und Menschenrechte. Die Menschenrechtskonvention des Europarates zur Biomedizin – Dokumentation und Kommentare*, Frankfurt a. M. 1999. Zur Relevanz des supranationalen und des internationalen Rechts: Wolfgang Graf Vitzthum, *Gentechnik und Grundgesetz*, in: Festschrift für Günter Dürig, München 1990, 185 (203 ff.); Matthias Herdegen, *Die Erforschung des Humangenoms als Herausforderung für das Recht*, in: JZ 2000, 633 ff.

den neunziger Jahren grüne Fundamentalisten die in Deutschland ge-
legenen Versuchsfelder für die Genforschung an Pflanzen verwüsteten,
verlegten die betroffenen Unternehmen ihre Anlagen ins Ausland, wo
sie keine Antifortschrittsmilitanz zu fürchten hatten und die gesellschaftliche Umwelt die Voraussetzungen der Zivilität garantierte.

Das alles ergibt jedoch für den deutschen Gesetzgeber keinen
Grund, von vornherein zu resignieren und die Regelung internationalen Gremien zu überlassen. Je höher und größer die Gremien, desto
dünner ist deren Legitimation. Eine globalisierte Funktionärs-, Exper-
ten- und Lobbykaste kann keine Legitimation für die genuin ethischen
Fragen beanspruchen, welche die neuen Entwicklungen aufwerfen.
Die Quelle ethischer Erkenntnis ist in erster Linie das Gewissen des
einzelnen. Die Rechtsetzung und die Rechtsauslegung, welche das
ethische Minimum allgemeinverbindlich definieren, sollten so nah
wie möglich an dieser Erkenntnisquelle ansetzen: im Nationalstaat,
dem im Vergleich zu supranationalen und internationalen Einrichtungen immerhin originäre demokratische Legitimation aus dem Willen
des in ihm organisierten Volkes zufließt und dem reale Bedürfnisse,
Sachnähe und Folgenverantwortung die Bodenhaftung sichern. Die
sachgerechte Klärung der Fragen, für die keine vorgefertigten Antworten der ethischen und der rechtlichen Überlieferung bereitstehen,
kann nur »von unten« her im offenen Diskurs erfolgen. Vorschnelle
globale Lösungen würden den Diskurs abbrechen, ehe er voll zur Wirkung gelangt wäre. Je niedriger die Regelungsebene und je enger der
Lösungsbereich, desto weniger wiegen die Risiken der gesetzlichen
Fehler, mit denen bei der neuartigen und wandelbaren Regelungsma-
terie mehr als sonst zu rechnen ist. Der Nationalstaat ist also nicht aus
seiner Verantwortung für das Recht der Humangenetik entlassen. Im
Gegenteil: Er ist in besonderem Maße gefordert.

Damit wird nicht einer nationalen Introvertiertheit das Wort gere-
det. Heute versteht es sich von selbst, daß ethische wie juristische
Debatten über die Staatsgrenzen hinaus greifen. Es ist ein Gebot der

Klugheit, daß der deutsche Gesetzgeber seine Lösungen im Vergleich mit denen anderer Rechtsordnungen entwickelt unter Berücksichtigung aller verständigen Gründe und Gegengründe, aus welcher Weltgegend sie auch stammen. Das bedeutet jedoch nicht, daß er, um Rechtsunterschiede nicht aufkommen zu lassen, von Anfang an auf eigene Lösungen verzichtet, sich dem Recht anderer Länder anpaßt, sich widerspruchslos dem jeweils »progressivsten« Trend fügt und danach strebt, immer auf der Seite der kommenden Dinge zu stehen. Die rechtspolitische Grenzmoral, die sich auf den tiefsten Punkt der im Kulturkreis noch erträglichen Moral ausrichtet, übt heute einen mächtigen Sog.

Ihr entspricht die stereotype Warnung, der Gesetzgeber solle einen deutschen Sonderweg meiden. Die dahinterstehende Absicht geht dahin, ihn auf den englischen Sonderweg zu lotsen.

Der bloße Hinweis, daß der englische Gesetzgeber der Genforschung erheblich weiteren Freiraum eröffnet als der deutsche, vermag das Embryonenschutzgesetz noch nicht zu delegitimieren. Die Ehrwürdigkeit der Westminster-Demokratie als solche ist kein ethisches Gütesiegel für jedwede ihrer Hervorbringungen, und sie verleiht ihnen nicht ohne weiteres Vorbildcharakter.[14] Das englische wie das deutsche Konzept muß sich im kritischen Vergleich auf seine Qualität hin prüfen lassen. Die Unterschiede zeigen die Bedingtheit aller rechtlichen Lösungen, die zurückbleiben hinter den unbedingten ethischen Forderungen. Darin liegt für den deutschen Gesetzgeber und Rechtsanwender kein Grund zur Resignation, sondern ein Ansporn zum Handeln.

14 Markl bekundet seine Sympathie mit der britischen Gesetzgebung und rät, »zu hören und abzuwägen, was die Argumente anderer abendländischer Nationen sind, die nicht weniger als wir in freien, demokratischen Rechtsstaaten leben, ehe wir gemeinsam mit dem Vatikan das Hochufer moralischer Letztbegründungen zu besetzen suchen« (N 3), 52, zugl. in: Geyer (N 2), 177 (184).

Die eigene Verantwortung der deutschen Staatlichkeit ergibt sich auch aus der Verfassung, die dem Gesetzgeber gebietet, die Würde des Menschen und das Leben zu schützen, unter Wahrung der Freiheit aller, die am wissenschaftlichen Fortschritt mitwirken und teilhaben. Die verfassungsrechtlichen Gebote werden durch die internationale Verflechtung der Staaten nicht aufgehoben und nicht aufgeweicht. Das Grundgesetz konstituiert eine offene Staatlichkeit, aber es verzichtet damit nicht darauf, seine eigenen rechtlichen Standards zu setzen. Damit bleibt die Frage unausweichlich, worin die Vorgaben der Verfassung bestehen und welche Direktivkraft sie für die Gesetzgebung zeitigen.

III. Prämissen der Verfassungsauslegung

Der verfassungsrechtliche Diskurs über Fragen der Humangenetik entbindet widerstreitende Tendenzen, und er führt zu unvereinbaren Ergebnissen. Dennoch geht er von bestimmten Prämissen aus, über die sich alle Diskutanten einig sind. Es handelt sich um Bau- und Funktionsgesetze des Grundrechtssystems. Diese seien im folgenden aufgedeckt.

1. Bau- und Funktionsgesetze der Grundrechte

(a) In der Grundrechtsordnung ist jeder einzelne Mensch (nicht etwa nur die Menschheit als abstrakte Größe) als Person unverfügbar der Staatsgewalt vorgegeben. Diese steht im Dienst grundrechtlicher Zwecke: Würde und Leben, Freiheit und Eigentum des Menschen zu wahren und zu schützen.

(b) Diese grundrechtlichen Güter werden als ursprunghaft und grundsätzlich schrankenlos gedacht. Niemand braucht sich für sein Dasein und Sosein, für Handeln und Habe zu rechtfertigen. Dagegen steht die Staatsgewalt unter Rechtfertigungszwang, wenn sie in grundrechtlich umhegte Bereiche eingreifen will. Die Grundrechte bestimmen, ob und wieweit und unter welchen formellen und materiellen Bedingungen der Eingriff zulässig ist.[15]

(c) Grundrechtliche Freiheit bedeutet Selbstbestimmung, nicht aber Bestimmung über andere. Sie endet vor der grundrechtlichen Freiheit des anderen und gibt kein Recht über dessen Person. Vielmehr gründet sie auf der Pflicht eines jeden, die Person des anderen anzuerkennen, sie als Subjekt gleicher Würde und Freiheit zu achten. Die Grundrechtsträger treten auf dem Boden gleicher Privatautonomie zueinander in Beziehung und binden sich selbst. Doch sie können den anderen nicht heteronom in die Pflicht nehmen. Der Zugang zur Rechtssphäre des anderen setzt dessen Zustimmung voraus. Sie läßt sich nicht erzwingen. Eigenmacht und Verletzung fremder Rechtsgüter werden durch die Grundrechte nicht gedeckt. Das Gebot des *neminem laedere* ist die apriorische Schranke der Freiheit. Dem Grundrechtsträger ist das Mittel der physischen Gewalt versagt. Jedwede Ausübung grundrechtlicher Freiheit steht unter dem Vorbehalt der Friedlichkeit.

(d) Der Staat schützt das Leben und die sonstigen grundrechtlichen Güter eines jeden vor dem Übergriff Privater. Er hat den Störer in seine Schranken zu verweisen und dem Opfer Sicherheit zu gewährleisten. Der Akt der Störung läßt sich nicht aus den Grundrechten rechtfertigen, doch die Person des Störers bleibt Grundrechtssubjekt und kann sich gegen unangemessene Sanktionen grundrechtlich zur Wehr setzen. Im Konflikt zwischen Grundrechtsträgern erweitert sich die duale Grundrechtsbeziehung zwischen Staat und Privaten zur dreiseitigen: Staat – Störer – Opfer.

---

15 Insofern entsprechen die Grundrechte dem »rechtsstaatlichen Verteilungsprinzip«: daß die Freiheit des einzelnen gedacht als dem Staat vorgegeben und prinzipiell unbegrenzt, während die Befugnis des Staates zu Eingriffen in diese Sphäre prinzipiell begrenzt ist (Carl Schmitt, *Verfassungslehre*, Berlin [1]1928, 126).

(e) Die Grundrechte erweisen sich als ambivalent. Sie sind Abwehrrechte des Privaten gegenüber dem Eingriff des Staates und Schutzpflichten des Staates gegenüber dem Übergriff des Privaten. Das Grundgesetz statuiert diese zwiefache Aufgabe exemplarisch, wenn es die Staatsgewalt verpflichtet, die Würde des Menschen zu wahren und zu schützen, sie also von sich aus nicht anzutasten, und Private zu hindern, sie zu beeinträchtigen.[16] Die Grundrechte beschränken die Staatsgewalt und sie fordern sie zugleich. Dort geht es um Sicherheit *vor* der Staatsgewalt, hier um Sicherheit *durch* die Staatsgewalt. Die Abwehrfunktion wird gesteuert durch das Übermaßverbot, die Schutzfunktion durch das Untermaßverbot.[17]

(f) Die Schutzpflicht des Staates verhält sich subsidiär zum Recht des Privaten, sich selbst zu behaupten und seine grundrechtlichen Positionen mit legalen, gewaltlosen Mitteln zu verteidigen. Die Schutzpflicht aktualisiert sich in voller Intensität, wenn das Grundrechtssubjekt der Macht des anderen überantwortet und nicht fähig ist, sich aus eigener Kraft der Gefahr zu erwehren.

2. Dissens in der Anwendung auf die Humangenetik

Die Anwendung der grundrechtlichen Bau- und Funktionsgesetze ist kontrovers. Die Geister scheiden sich in der Frage, ob dem Embryo außerhalb des Mutterleibes Grundrechtssubjektivität zukommt oder nicht.[18] Die konträren Positionen seien idealtypisch skizziert.

---

16 Vgl. BVerfGE 88, 203 (251 ff.).

17 Zu den beiden Grundrechtsfunktionen Josef Isensee, *Das Grundrecht als Abwehrrecht und als staatliche Schutzpflicht*, in: Josef Isensee/Paul Kirchhof, Handbuch des Staatsrechts der Bundesrepublik Deutschland (= HStR), Bd. V, Heidelberg ²2000, § 111 Rn. 1 ff. (Nachw.).

18 »Embryo« ist im Sprachgebrauch der Medizin nicht eindeutig. Der vorliegende Text hält sich an die Legaldefinition: als Embryo gilt »bereits die befruchtete, entwicklungsfähige menschliche Eizelle vom Zeitpunkt der Kernverschmelzung an, ferner jede einem Embryo entnommene totipotente Zelle, die sich bei Vorliegen

Wird dem Embryo der Schutz der Grundrechte nicht zuerkannt, so aktualisieren sich die Grundrechte einseitig in ihrer Abwehrfunktion, und zwar in erster Linie zugunsten der Eltern, sodann, von ihnen abgeleitet, auch zugunsten der Ärzte, Forscher, Unternehmer und sonstiger Nutzer.[19] Sie haben die Freiheit, über den Embryo als Gegenstand ihrer jeweiligen Interessen zu verfügen. Der Staat hat sich zu rechtfertigen, wenn er sie in ihrer Freiheit beschränken will. Für den Umgang mit Embryonen gilt die Maxime, daß dem Nutzer alles erlaubt, was nicht ausdrücklich verboten ist, und zwar durch ein Gesetz, das die Prüfung vor den zu beschränkenden Grundrechten besteht. Die plakative Formel lautet: *in dubio pro libertate*. Damit ist prinzipiell das rechtliche Tor geöffnet zum »Verbrauch« von Embryonen, zur Veränderung des Erbguts, zur Selektion des Nachwuchses.

Wenn dagegen dem Embryo das Recht auf Leben und der Schutz der Menschenwürde zuerkannt werden, so erweitert sich die zweiseitige Beziehung zwischen Staat und Nutzer in die dreiseitige Staat – Nutzer – Embryo. Dieser gilt nunmehr als Person: um seiner selbst willen da, der Verfügung des Staates wie der Privaten entzogen. Eine Person kann nicht als ein bloßer Rechtswert behandelt, gewichtet und gegen andere Rechtswerte abgewogen werden.[20] Die Grundrechte kommen dem Embryo in ihrer Abwehr- wie in ihrer Schutzfunktion zugute. Der Staat darf ihn nicht töten und nicht zur Tötung freigeben (abgesehen vom Grenzfall einer sonst nicht lösbaren Kollision mit

---

der dafür erforderlichen weiteren Voraussetzungen zu teilen und zu einem Embryo zu entwickeln vermag« (§ 8 Abs. 1 Embryonenschutzgesetz).

19 Tade Matthias Spranger, *Verfassungsrechtliche Aspekte der Präimplantationsdiagnostik*, in: ZFSH/SGB 2001, 266 (269).

20 Rechtsphilosophische Bedeutung der Person: Günther Jakobs, *Norm, Person, Gesellschaft*, Berlin 1997, 29 ff. Kritik an der inkonsequenten Dogmatik des Embryonenschutzes: ders. *Rechtmäßige Abtreibung von Personen?*, in: JR 2000, 404 ff.; Michael Pawlik, *Der Staat hat dem Embryo alle Trümpfe genommen*, in: FAZ v. 27. Juni 2001, Nr. 146, 45.

gleichwertigen Rechtsgütern). Die schlichte Vermutung für die Freiheit versagt, wenn die Freiheitsprätention des einen im Streit liegt mit dem Lebensschutz des anderen, die grundrechtliche Selbstbestimmung an die Grenze ihrer Möglichkeit stößt: das Eigenrecht des Embryos auf Existenz.[21]

Die gegensätzlichen Positionen zur Humangenetik gleichen denen in der Abtreibungsfrage.[22] Hier wie dort kommt es darauf an, ob der *nasciturus* bereits einen grundrechtlichen Status hat oder nicht. Wäre das nicht der Fall, so bildete die Abtreibung allein eine Angelegenheit der Schwangeren, einen Gegenstand ihrer grundrechtlichen Selbstbestimmung. Das Gesetz, das von ihr verlangt, das Kind auszutragen, erschiene als Einschränkung ihres Grundrechts. Die naheliegende Konsequenz wäre die Freigabe der Abtreibung. Dagegen müßte diese von Verfassungs wegen verworfen werden, wenn der Ungeborene bereits als Grundrechtssubjekt anzuerkennen wäre.

IV. Wann und unter welchen Bedingungen beginnt das Recht auf Leben?

1. Die Aporie, den Anfang des Lebens zu erkennen

»Jeder hat das Recht auf Leben« – die lapidare Fassung des Grundrechts scheint seinem Gegenstand angemessen zu sein, solange das Bild des Grundrechtsträgers dem Vorverständnis entspricht, das der

21 Das verkennen Friedhelm Hufen, der allein auf die abwehrrechtliche Seite abstellt (Nicht nur die Embryonen haben Grundrechte, in: FAZ v. 21. Mai 2001, Nr. 117, 10) und Markl (N 3), 52, zugl. in: Geyer (N 2), 177 ff.
22 Vgl. hierzu: Kurt Faßbender, *Präimplantationsdiagnostik und Grundgesetz*, in: NJW 2001, 2745 (2748).; Ernst Benda, *Verständigungsversuche über die Würde des Menschen*, in: NJW 2001, 2147 f.; Horst Sendler, *Menschenwürde, PID und Schwangerschaftsabbruch*, in: NJW 2001, 2148 ff.

Interpret von seiner eigenen Gattung hegt, und das ist in unserer kulturellen Überlieferung das des Menschen als eines vernunftbegabten, leidens- und willensfähigen Lebewesens. Nach hergebrachtem Sprachgebrauch gehört zu den Menschen ein »jeder, der Menschenantlitz trägt«. Die Bestimmung des Menschen durch das Menschenantlitz mochte herkömmlich als latente Tautologie erscheinen. Das aber ist sie heute nicht mehr ohne weiteres, seit die Naturwissenschaft die frühen Stufen der animalischen Entwicklung des Menschen sichtbar gemacht hat, Stufen, in denen sich noch kein »Menschenantlitz« erkennen läßt, kein Hirn und kein Herz. Niemand, der das Zellgebilde des Anfangs mit Hilfe des Mikroskops wahrnimmt, verspürt die soziale Regung, ihm einen Namen zu geben, das Zeichen der menschlichen Individualität und der Zugehörigkeit zur menschlichen Gesellschaft. Im genauen Hinsehen der Naturwissenschaften verschwimmen nun auch die Grenzen des Lebens, die sich in der Vorstellung des Laien noch klar dargestellt hatten: wann Leben anfängt, wann es endet. Die eherne Alternative von Sein oder Nichtsein scheint nicht mehr zu greifen.

Enthält der lapidare Begriff »Leben«, den das Grundgesetz verwendet, überhaupt das Potential, um so subtile Unterscheidungen zu treffen, wie sie angesichts der Gentechnik geboten sind: zu bestimmen, zu welchem Zeitpunkt und unter welchen Bedingungen exakt Leben einsetzt? Der Philosoph könnte sich damit begnügen, die Aporie festzustellen, und, zufrieden mit dieser kritischen Leistung, sich in ihr gemütlich einzurichten. Juristen aber ist der bequeme Part des Aporetikers verwehrt; sie haben die vorgegebene Norm auf ihre praktische Anwendbarkeit hin auszulegen und auf dieses Ziel hin deren Begriff zu definieren. Was nicht definierbar ist, was also keine rechtserheblichen Grenzen erkennen läßt, ist nicht anwendbar. Konkret: Das Leben erlangt den Schutz des staatlichen Rechts nur, wenn und soweit es definiert wird. Allgemein gilt für die Jurisprudenz das Verbot des Grenzenlosigkeitsschlusses: aus der

Schwierigkeit, eine Grenze zu erkennen, zu folgern, daß es keine Grenze gebe.[23]

2. Das Kriterium des Lebensanfangs

Leben ist ein Phänomen der Natur. Soll der Grundrechtsinterpret nicht der Natur anheimgeben, ihre Erscheinungen zu bestimmen? Doch die Natur definiert ihre Phänomene nicht selbst, vollends nicht Rechtsbegriffe, die solche Phänomene repräsentieren. Auch die Naturwissenschaft ist dafür nicht zuständig. Denn es handelt sich nicht um ein empirisches Faktum, sondern um ein Rechtsgut. Das aber gibt sich nur einer normativen Betrachtung zu erkennen.[24] Die Rechtsordnung bestimmt, zu welchem Zeitpunkt und gegebenenfalls auch unter welchen Bedingungen das Recht auf Leben einsetzt. Hier geht es nicht um Leben im biologischen Verständnis, sondern um Leben als grundrechtliches Schutzgut, damit letztlich um den Menschen als das Subjekt der Menschenrechte. Die Frage entscheidet sich nicht auf der Ebene der Erfahrung, sondern auf jener der Normerkenntnis.

(a) Als Kriterium des Lebensanfangs bietet sich an die *Annahme des ungeborenen Kindes durch die Mutter.* Sie wäre es, die Leben auch im rechtlichen Sinne vermittelte und die Qualität als Mensch zuspräche. Sie entschiede, ob der Embryo Rechtssubjekt oder ob er rechtlos wäre. Unter dieser Prämisse wären alle extrakorporal gezeugten Embryonen, die nach der Dezision der Frau nicht zur Implantation bestimmt sind, grundrechtlich ungeschützt, also für den beliebigen Gebrauch und Verbrauch verfügbar. Konsequent weitergedacht, wäre damit eine juristische Science-fiction-Vision legitimiert, daß – unter-

---

23 Carl Schmitt, *Freiheitsrechte und institutionelle Garantien* (1931), in: ders., Verfassungsrechtliche Aufsätze, Berlin 1958, 140 (147).

24 Vgl. Günter Rager (Hg.), *Beginn, Personalität und Würde des Menschen*, Freiburg i. Br. u. a. ²1998.

stellt, die technischen Bedingungen einer *brave new world* zur extrakorporalen Menschenzucht wären gegeben – grundrechtslose Parias
zur Welt kämen, die außerhalb der Rechtsgemeinschaft verblieben,
und jedermann einen geklonten Doppelgänger erhielte: als Sklaven
und als Ersatzteillager für Organe. Die Grundrechtsordnung wäre ad
absurdum geführt. Geltung und Reichweite des Lebensschutzes hin-
gen von der Willkür der Mutter ab. Die Verfassung aber gibt keinem
Privaten die Macht, die Grundrechtsfähigkeit zu verleihen oder vor-
zuenthalten und verbindlich für andere die Grundrechte zu definieren.
Deren Geltung ist allgemein, gleich und objektiv. Sie hängt nicht ab
von subjektiver Willkür. Das Lebensrecht wird daher nicht durch die
Annahme seitens der Mutter begründet,[25] sondern durch die Verfassungsordnung.

(b) Zur Diskussion steht die These, daß *Selbstbewußtsein und
Selbstbestimmungsfähigkeit* hinzukommen müßten.[26] Damit schiede
der *nasciturus* von vornherein als Träger des Lebensrechts aus. Selbst
die Geburt reichte dazu nicht aus. Die zeitliche Schwelle zur Grundrechtsfähigkeit müßte in das erste oder in ein späteres Lebensjahr
gelegt werden, in welches genau, das wird willkürlich gegriffen.[27] Im
übrigen würde die Frage provoziert, ob der Lebensschutz während des
Schlafes nicht zu suspendieren und für den Geisteskranken nicht aus-
zuschließen, für den Komatösen nicht rückgängig zu machen sei.[28]
Der Kardinalfehler des Theorems liegt darin, daß es den Menschen nur

25 BVerfGE 88, 203 (252).
26 So Norbert Hoerster, *Abtreibung im säkularen Staat*, Frankfurt a. M. 1991, 75.
27 Nach Hoerster bedarf es hierzu jeweils eines aktuellen Überlebensinteresses;
    aus pragmatischen Gründen läßt er es bewenden mit dem Zeitpunkt der Geburt
    (N 26, 70, 140). Hierzu kritisch Herbert Tröndle/Thomas Fischer, *Strafgesetzbuch*,
    50 2001, Vor § 218 Rn. 30 m. w. N.
28 Hoersters Einwand, man könne den Betreffenden wecken und nach seinem
    Lebensinteresse befragen, vermag, jedenfalls für den Komatösen, nicht zu über-
    zeugen.

in seiner aktuellen Entfaltung als Vernunftwesen begreift, fähig, seine Freiheitsrechte auszuüben, damit eigentlich das Recht auf Leben als Freiheitsrecht versteht. Das Leben aber ist keine Erscheinung der Freiheit, sondern deren vitale Basis. Die Freiheit setzt Leben voraus, nicht umgekehrt.

(c) Ein mehr pragmatischer Ansatz will Leben verknüpfen mit der Fähigkeit, *eigene Interessen* zu haben. Das erste Interesse sei, von Schmerzen verschont zu werden. Solange noch keine *Schmerzempfindung* möglich sei, fehle auch das Bedürfnis für den Schutz des Lebensschutzes.[29] Es mag dahinstehen, ob und wie sich diese Grenze physiologisch bestimmen läßt. Das Recht mag sie sich als Kriterium des Tierschutzes zu eigen machen. Für den Schutz des Menschenlebens eignet sie sich nicht. Denn der Mensch gilt unter den Auspizien der Menschenrechte nicht lediglich als Objekt des Mitleids, sondern als Subjekt eigener Würde.[30] Daß er in einem frühen Stadium nicht fähig ist, seine Rechte zu wahren, ist kein Grund, ihm jedwedes Recht abzusprechen, vielmehr Grund für den Staat, seine Schutzpflicht zu intensivieren.

(d) Das Recht auf Leben ist zwar nicht biologistisch zu verstehen, doch die Definition des Rechts kann sich nicht über die biologischen Gegebenheiten hinwegsetzen. Vielmehr knüpft sie an sie an. Umstritten ist jedoch, welche für die Definition maßgebend ist. Nach herrschender Lehre beginnt »Leben« mit der *Verschmelzung von Ei- und Samenzelle*.[31] Damit greift sie auf den frühestmöglichen Zeitpunkt zu-

---

29 Peter Singer, *Praktische Ethik*, Stuttgart ²1994, 84; Hoerster (N 26), 69 ff. Gegenposition: Wolfram Höfling, *Wider die Verdinglichung*, in: Geyer (N 2), 240 (241 ff.).

30 Zum Verhältnis des Lebens- und Würdeschutzes unten V.

31 Exemplarisch: Walter Leisner, *Entwicklung und ideengeschichtlicher Hintergrund des verfassungsrechtlichen »Rechts auf Leben«*, in: »Lebensrecht« (hg. von der Niedersächsischen Landeszentrale für Politische Bildung), Hannover 1976, 9 (22); Klaus Stern, *Staatsrecht der Bundesrepublik Deutschland*, Bd. III/1, München 1988, 1057 (1061); Tröndle/Fischer (N 27), Vor § 218 Rn. 18c; Philip Kunig, in: Ingo von Münch/Philip Kunig (Hg.), *Grundgesetzkommentar*, Bd. 1, München ⁵2000, Art. 2

rück, den Anfang des Anfangs. Der sachliche Schutzbereich wird so
weit wie möglich gezogen, damit das menschliche Leben, das vom
ersten Moment an durch menschliche Willkür gefährdet ist, den
Schutz des Rechts genieße. Das Vorkernstadium verbleibt dagegen
außerhalb des Schutzbereiches.

Gegen das extensive Verständnis erhebt sich der Einwand, daß in
den ersten Tagen, ehe die Einnistung erfolgt, der noch totipotente
Embryo sich teilen und Mehrlinge bilden könne. Zunächst sei »bloß
gattungsspezifisches, aber noch nicht körperlich-individuelles
Leben« vorhanden; dieses aber brauche noch kein Recht auf von
Menschen unbeeinträchtigte Fortexistenz.[32] Beim Embryo liegt
jedoch mehr fest als die Zugehörigkeit zur menschlichen Gattung.
Fixiert ist schon das individuelle, als solches einzigartige Genom: die
genetische Identität des Menschen. Offen ist lediglich in der frühen
Phase, ob sich das Genom in einem oder in mehreren Lebewesen verkörpert. Mithin besteht kein Hindernis für die grundrechtliche Deutung, sogleich ein individuelles Lebewesen anzunehmen und, falls
es zu einer Teilung kommt, eben deren zwei. Individualität des Menschen bedeutet nicht notwendig genetische Originalität. Ansonsten
ergäben sich Schwierigkeiten, eineiigen Zwillingen noch im Erwach-
senenalter die Fähigkeit zur Grundrechtssubjektivität zuzuerkennen.
Im übrigen ist heute vorstellbar, daß auch vom Erwachsenen im
Wege des Klonens ein genetisches Duplikat hergestellt wird. Daraus
läßt sich aber kein Argument gewinnen, dem Erwachsenen den
grundrechtlichen Lebensschutz abzusprechen, auch nicht einem

Rn. 49; Dieter Lorenz, *Recht auf Leben und körperliche Unversehrtheit*, in: HStR
Bd. VI, Heidelberg ²2001, § 128 Rn. 12; Dietrich Murswiek, in: Michael Sachs (Hg.),
Grundgesetz, München ²1999, Art. 2 Rn. 143; Höffling (N 29), 244. Offengelassen
in BVerfGE 88, 203 (251).
32 So Hasso Hofmann, *Biotechnik, Gentherapie, Genmanipulation – Wissenschaft im
rechtsfreien Raum?*, in: JZ 1986, 253 (258).

etwaigen künstlich gezeugten, jüngeren Alter ego. Jedenfalls braucht der Lebensschutz nicht zu warten, bis der natürliche Prozeß der Individualisierung abgeschlossen ist. Solange der Embryo noch die Möglichkeit mehrfachen Lebens umschließt, verdient er nicht weniger Schutz, als wenn er sich auf ein einziges Leben reduziert und damit individualisiert hat.[33] Es besteht auch kein Hindernis, daß der grundrechtliche Begriff das Leben von Anfang an erfaßt, und zwar als das eines individuellen Menschen, nicht etwa bloß als Leben der Gattung Mensch.

(e) Die Interpretationsansätze, die den Beginn des »Lebens« zu einem späteren Zeitpunkt als dem der Verschmelzung ansetzen, stoßen auf die Schwierigkeit, daß der biologische Entwicklungsprozeß kontinuierlich verläuft und keine Einschnitte und Sprünge erkennen läßt. Auch die *Nidation*, die als Kriterium vorgeschlagen wird, bildet keine Zäsur.[34] Doch bildet sie eine notwendige Bedingung für die weitere Entwicklung. Mit ihr stellt sich, wenn eine extrakorporal befruchtete Eizelle implantiert wird, der natürliche Konnex zur Mutter her, die mit der Zustimmung zur Implantation den Willen zum Kind bestätigt. Das aber rechtfertigt nicht, dem Embryo außerhalb des Mutterleibs den grundrechtlichen Schutz zu versagen. Das individuelle Leben des Ungeborenen, so notwendig und prägend es auch mit der Mutter verbunden ist, hat, grundrechtlich gesehen, Selbstand und gilt nicht als bloßer Bestandteil des Körpers der Mutter, ihrem Willen unterworfen. Es wird um seiner selbst willen geschützt, nicht um der Mutter willen. Die extrakorporale Frucht bedarf des besonderen Schutzes durch die Rechtsordnung, weil die leibliche Schutzbeziehung zur

---

33 Zutreffend Sternberg-Lieben, *Gentherapie und Strafrecht*, in: JuS 1986, 673 (677).

34 Auf die Nidation stellt ab: Dagmar Coester-Waltjen, *Befruchtungs- und Gentechnologie bei Menschen – rechtliche Probleme von morgen?*, in: FamRZ 1984, 230 (235), welche die Phase vor der Nidation als »latentes menschliches Leben« bezeichnet; ablehnend Kunig (N 31), Art. 2 Rn. 49.

Mutter nicht besteht. In der künstlichen Zeugung wird ein natürlicher Vorgang in gewissem Umfang durch menschliche Willkür ersetzt. Diese bedarf der Einbindung in das Recht. Die Rechtsgesetze rücken nach, wenn die Naturgesetze (oder das natürliche Zufallprinzip) sich zurückziehen. Daß nach der Zeugung auf natürlichem Wege nur eine von drei der befruchteten Eizellen das Ziel der Einnistung erreicht, die meisten von selbst abgehen, vollzieht sich außerhalb des rechtlichen Verantwortungshorizontes; es löst für niemanden eine grundrechtliche Pflicht aus, hier zu intervenieren. Daher liefert es auch kein Argument dafür, menschliches Handeln im Umgang mit künstlich gezeugten Embryonen von der Bindung an das Recht freizustellen und den Embryonen von vornherein das Lebensrecht abzusprechen. Die Selektion durch die Natur ist kein moralisches Leitbild für eine Selektion durch den Menschen, vollends kein Rechtfertigungsgrund. Daß die Natur ihre Geschöpfe sterben läßt und nicht Einspruch erhebt, wenn auch Artgenossen einander verschlingen, gibt dem Menschen keine Legitimation, seinesgleichen nach Willkür zu töten.[35] Soweit ihn die Naturgesetze nicht determinieren, sind seine Richtmaße Vernunft und Gewissen.

(f) Andere Überlegungen gehen dahin, den Lebensanfang an ein bestimmtes Stadium der pränatalen Entwicklung des *Hirns* zu knüpfen.[36] Das Kriterium, das den Anfang des Lebens markiert, korrespondiert spiegelverkehrt dem, das sein Ende kennzeichnet: dem Hirntod, nach dessen Eintritt noch nicht alle Lebensfunktionen erloschen sind.[37] Die beidseitige Restriktion des Lebensschutzes befriedigt ein

---

35 So aber die kraß biologisch-naturalistische Argumentation Markls (N 3), 52, zugl. in: Geyer (N 2), 177 ff.

36 So etwa Hans-Martin Sass, *Extrakorporale Fertilisation und Embryotransfer*, in: Rainer Flöhl (Hg.), *Genforschung – Fluch oder Segen?*, München 1985, 30 (38 ff.), vgl. auch Hans Lüttger, *Der Tod und das Strafrecht*, in: JR 1971, 309 (311).

37 Zur Kontroverse um das verfassungsrechtliche Ende des Lebens: Josef Isensee,

Bedürfnis nach dogmatischer Symmetrie. Die Vorverlegung des Endes und die Rückverlegung des Anfangs bedienen auch praktische Interessen: grundrechtsfreie (oder wenigstens grundrechtsverdünnte) Korridore bereitzustellen: am Ausgang des Lebens für die Transplantationsmedizin, am Eingang für die Gentechnik. Dem normativen Ziel der Effektivität des Lebensschutzes dienen sie nicht.

(g) Ihm dient auch nicht die Verlegung des Lebensschutzes auf den Zeitpunkt der *Geburt*, synchron dem Strafrecht, das den Beginn der zur Ausstoßung führenden Wehen, oder synchron dem bürgerlichen Recht, das die Geburt für maßgebend erklärt.[38] Die straf- und die zivilrechtlichen Anknüpfungen beziehen sich auf bestimmte Rechtsfolgen. Sie geben kein Muster ab für den grundrechtlichen Lebensschutz, der allbezügliche Geltung beansprucht. Vielmehr müssen sie sich ihrerseits an dem Grundrecht messen lassen, ob sie das von ihm geforderte Schutzniveau erreichen. Die Geburt eignet sich schon darum nicht als Kriterium, weil ihr Zeitpunkt sich heute in weitem Spielraum ärztlich manipulieren läßt.

Letztlich haften an allen Versuchen, den Lebensschutz auf einen Zeitpunkt nach der Kernverschmelzung zu verlegen, Momente von Willkür. Willkürfrei und folgerichtig ist die Anknüpfung an die Verschmelzung. Das Grundgesetz schützt das Leben von Anfang an. Aus seiner Sicht wächst und entfaltet sich das Leben seit der Vereinigung der weiblichen mit der männlichen Keimzelle »nicht erst zum Menschen, sondern als Mensch«.[39] Das Schutzkonzept ist umfassend und folgerichtig. Die grundrechtliche Anerkennung erfolgt bedingungslos,

---

Grundrechtsschutz nach dem Hirntod, in: Festschrift für Lothar Roos, Grafschaft 2000, S. 583 ff. (Nachw.).

38 So aber Hoerster (N 26, 140). Strafrechtliche Sicht: Tröndle/Fischer (N 27), Vor § 211 Rn. 2; Rolf Herberg/Annika I. Herzberg, *Der Beginn des Menschseins im Strafrecht: Die Vollendung der Geburt*, in: JZ 2001, S. 1106 ff.

39 Zitat: BVerfGE 88, 203 (252).

ohne Ausnahme, ohne Vorbehalt. Sie erfaßt das Leben vor und nach der Nidation, vor und nach der Geburt. Die Zeugung mag unter noch so verwerflichen und unwürdigen Umständen erfolgt sein – das Wesen, das aus ihr hervorgeht, hat von Anfang an das Recht auf Leben. Sein Schutz hängt nicht davon ab, ob es gewollt oder ungewollt zustande gekommen, ehelich oder unehelich, natürlich oder künstlich gezeugt, den Keimzellen Lebender oder Verstorbener entstammt, Unikat ist oder geklont.[40]

V. Menschenwürde des Embryos?

1. Der Grundrechtskonnex von Leben und Menschenwürde

»Wo menschliches Leben existiert, kommt ihm Menschenwürde zu; es ist nicht entscheidend, ob der Träger sich dieser Würde bewußt ist und sie selbst zu wahren weiß.« Das ist die Sicht des Bundesverfassungsgerichts.[41] Das Recht auf Leben verbindet sich von Anfang an mit der Anerkennung der Würde. Das bedeutet, daß das Leben im frühen Stadium nicht bloße Biomasse ist, die das Recht gleichsam unter Artenschutz stellt. Mag der naturalistische Betrachter nichts weiter erkennen als einen Zellhaufen, so sieht die Verfassung im Embryo das Leben eines Menschen als Grundrechtsträger. Dieser aber erhebt sich kraft der Menschenwürde, an der er teilhat, über die Natur hinaus. Die Würde bezieht sich nicht lediglich auf die Gattung des *homo sapiens*, sondern auf einen bestimmten Menschen als Individuum. Diesem kommt kraft der Würde personale Qualität zu. Sie vor Gefahren zu sichern, ist Aufgabe des staatlichen Rechts. Die Anerken-

---

40 Isensee (N 7), S. 254. Vgl. auch Ursula Köbl, *Gentechnologie zu eugenischen Zwecken – Niedergang und oder Steigerung der Menschenwürde?*, in: Festschrift für Heinrich Hubmann, Frankfurt a. M. 1985, 161 ff.
41 BVerfGE 39, 1 (41). Sinngemäß auch BVerfGE 88, 203 (252).

nung des menschlichen Lebewesens als Subjekt personaler Würde ist ein normativer Akt der Verfassung, vergleichbar der Beseelung der menschlichen Physis, mit der nach christlichem Glauben das Personsein des Menschen beginnt. Grundrechte umfassen also das Menschenwesen zugleich in seiner physischen wie seiner moralischen Existenz und lassen noch nicht einmal in der Anfangsphase seiner Entwicklung zu, daß es würdeloses Menschenleben gibt.

2. Entkoppelungstheorie

Gegen den Grundrechtskonnex erhebt sich grundsätzlicher Widerspruch; er sei Ergebnis eines »biologistisch-naturalistischen Fehlschlusses«. Menschenwürde und Lebensrecht seien zu entkoppeln.[42] Dem Embryo fehle es an allen Voraussetzungen, die für die Menschenwürde konstitutiv seien: Ich-Bewußtsein, Vernunft, Fähigkeit zur Selbstbestimmung. Die Kritik an dem »biologistisch-naturalistischen Fehlschluß«, der dem Bundesverfassungsgericht unterlaufen sein soll, verfängt sich ihrerseits in einem intellektualistischen Fehlschluß: sie reduziert die Menschenwürde auf den Kreis der Vernünftigen und Leistungstüchtigen, derer also, die sich in der Regel aus eigener Kraft in Staat und Gesellschaft behaupten können, der intellektuell und sozial Arrivierten, die fähig sind zu Selbstdarstellung, Kommunikation und Mitwirkung in einer solidarischen Anerkennungsgesellschaft.[43] »Und wer's nie gekonnt, der stehle weinend sich aus diesem Bund!«

---

42 So Horst Dreier, in: ders. (Hg.), *Grundgesetz*, Bd. I, Tübingen 1996, Art. 1 I Rn. 48 ff. Entsprechende Thesen: Hasso Hofmann, *Die versprochene Menschenwürde*, in: AöR 118 (1993), 353 (375 f.); ders., *»Umweltstaat«: Bewahrung der natürlichen Lebensgrundlagen und Schutz vor den Gefahren und Risiken von Wissenschaft und Technik in staatlicher Verantwortung*, in: Festschrift 50 Jahre Bundesverfassungsgericht, 2. Bd., Tübingen 2001, 873 (893 f.); Günter Jarouschek, *Vom Wert und Unwert der pränatalen Menschenwürde*, in: JZ 1989, 279 ff.

43 So Dreier (N 42), Art. 1 I 1, Rn. 50; Hofmann, »Umweltstaat« (N 42), 894.

Hinter der These steht das verfassungstheoretische Konstrukt eines permanent zu erneuernden Gesellschaftsvertrages, in dem das deutsche Volk sich als Rechtsgemeinschaft konstituiert und seine Mitglieder sich gegenseitig Würde zuerkennen.[44] Die Würdegarantie sage nichts über die, die noch nicht (oder nicht mehr) zu dieser Anerkennungsgemeinschaft gehörten. Der Embryo als solcher sei »kein mögliches Subjekt eines sozialen Achtungsanspruchs, gleichwohl selbstverständlich mögliches Schutzobjekt einer Rechtspflicht«.[45] Die Argumentation ist nicht plausibel, weil der Gesellschaftsvertrag, so man sich auf diese Argumentationsfigur einläßt, auch zugunsten Dritter abgeschlossen werden könnte und auch abgeschlossen werden müßte, weil die staatlich verfaßte Gesellschaft, in der Abfolge der Generationen lebend, sich dem Wohl der künftigen Generationen zuwenden muß. Die Verantwortung für diese, vom Grundgesetz positivrechtlich statuiert im Blick auf die Bewahrung der natürlichen Lebensgrundlagen,[46] verlöre sich ins Wolkige ethischer Unverbindlichkeiten und politischer Beschwörungsfloskeln, wenn sie sich ab dem Augenblick, in dem die künftige Generation in die Gegenwart eintritt, nicht zu praktischer Konsequenz verdichtete und wenn sie dem keimenden Leben weiter nichts böte als die Integrität der natürlichen Umwelt; vielmehr gewährleistet sie auch die Integrität seiner natürlichen Existenz und die Aufnahme in die Rechtsgemeinschaft. Menschenrechte gelten ihrer Genese nach nicht nur für die Personen, die sich über sie in der Stunde des Handelns verständigen und sie proklamieren, sondern auch für deren Nachkommenschaft, »their posterity«, wie es in der archetypischen Menschenrechtserklärung heißt,

---

44 Hofmann, *Menschenwürde* (N 42), 365 ff.

45 Hofmann, *Menschenwürde* (N 42), S. 375 f.

46 Art. 20 a GG (42. Änderung. v. 27. Oktober 1994). Eine ökologische Verfassungstheorie des Schutzes künftiger Generationen: Hasso Hofmann, *Rechtsfragen der atomaren Entsorgung*, Stuttgart 1981, 258 f.

der *Virginia Bill of Rights* von 1776. Posterity sind Kinder, Enkel, Ur-
enkel; nicht aber imaginäre Zurechnungspunkte ökologischer Fern-
stenliebe in einer kinderlosen Gesellschaft. Die Menschenrechte
gelten im Verständnis der *Bill of Rights* nicht als Werk vertraglicher
Disposition, die so oder anders ausfallen könnte, sondern als unver-
fügbare Vorgaben, allen Menschen von Natur aus gegebene und angeborene Rechte, »die sie ihrer Nachkommenschaft durch keinen Vertrag
rauben oder entziehen können, wenn sie eine staatliche Verbindung
eingehen«. Das erste dieser Rechte ist der Genuß des Lebens.[47]

Die Zugangssperre für alle, die nicht diskursfähig sind, müßte,
konsequent gehandhabt, auch für die Geisteskranken greifen. Wenn
diese dennoch an der Menschenwürde teilhaben sollen,[48] wird deutlich, daß die Menschenwürde apriorische Geltung hat und sich der
voluntaristischen Rekonstruktion entzieht. Das Individuum wird
nicht als Mensch anerkannt, weil es am gesellschaftlichen Diskurs
teilnimmt; vielmehr wird es als Teilnehmer akzeptiert, weil es Mensch
ist und aufgrund der Würde, die es in die Gesellschaft einbringt, zu ihr
gehört und nicht ausgeschlossen werden darf. Damit kommt es nicht
darauf an, ob es hier und heute schon zur Kommunikation fähig ist
und sich aktiv am Diskurs beteiligt.

Überhaupt ist das weithergeholte, rostige Vehikel des Gesellschaftsvertrages wenig geeignet, die grundgesetzliche Gewähr der
Menschenwürde zu erhellen und zu erklären. Es mag gewisse legitimatorische Leistungen für die kontingenten Bestandteile der Verfassung erbringen, wenn es sie auf den Willen des Volkes zurückführt.
Doch die Gewähr der Menschenwürde taugt nicht als Projektionsflä-
che für das alte Legitimationsmuster des Gesellschaftsvertrages. Im
Text des Grundgesetzes wie im historischen Kontext erscheint sie

---

47 *Virginia Bill of Rights*, Section 1.
48 So Hofmann, *Menschenwürde* (N 42), 376; Dreier (N 42), Art. 1 Rn. 46.

nicht als Ausdruck vertraglicher Willkür und auch nicht als Ausfluß souveräner Rechtsetzung, die so oder anders ausfallen könnte, sondern als normative Notwendigkeit, als Vorgabe des überpositiven Rechts, zu der sich der Verfassunggeber, bewußt seiner »Verantwortung vor Gott und den Menschen«, bekennt.

Wenn eine meta-rechtliche Deutung naheliegt, dann die christliche, welche die Würde des Menschen daraus ableitet, daß Gott ihn geschaffen, erlöst und seine Menschennatur angenommen hat. Als Prinzip unseres Rechtskreises entstammt die Menschenwürde der christlichen Tradition und ist als deren weltliches Derivat in das Grundgesetz eingeflossen. Freilich erlangt die transzendente Ableitung keine verfassungsrechtliche Autorität; diese kommt aber auch einer immanent-philosophischen in einer Verfassung nicht zu, die sich weder theologische noch philosophische Begründungen zu eigen macht und gleichermaßen religiös wie weltanschaulich neutral bleibt.

Eindeutig ist allerdings der rechtspraktische Effekt der »Entkoppelung« des Lebensrechts von der Menschenwürde: ein verfassungsrechtliches Hindernis hinwegzuräumen, das der Freigabe der Abtreibung und der gentechnischen Nutzung der Embryonen im Wege steht.[49] Der Effekt ist jedoch nur für einen advokatorisch-parteilichen Interpreten das Ziel der Auslegung. So hat die Entkoppelungstheorie denn auch eine dogmatische Intention. Sie soll erklären, warum in Fällen der Notwehr oder des polizeilichen Todesschusses zur Rettung der Geisel der Tod des Angreifers oder warum der Tod des Soldaten, Polizisten, Feuerwehrmanns im pflichtgemäßen Einsatz für die Allgemeinheit nicht die Menschenwürde des Getöteten verletze.[50] In der Tat ist das nicht der Fall. Wer zu dieser Einsicht finden will, braucht aber nicht zuvor den Konnex von Leben und Würde aufzubrechen.

---

49 Vgl. Dreier (N 42), Art. 1 I Rn. 49, 51; Hofmann, *Menschenwürde* (N 42), 376; ders. (N 42), »*Umweltstaat*«, 894.
50 Dreier (N 42), Art. 1 I Rn. 49.

Die Tötung beeinträchtigt nicht notwendig die Menschenwürde des Opfers, zumal wenn es das Risiko des Todes freiwillig übernommen oder willkürlich provoziert hat. Das Recht auf Leben steht unter Gesetzesvorbehalt, der klarstellt, daß der Entzug des Lebens – unter bestimmten, dem Übermaßverbot entsprechend strengen Bedingungen – rechtmäßig sein kann, auch in bezug auf die Menschenwürde.[51] Deren vorbehaltlose Gewähr hebt den Gesetzesvorbehalt des Lebensschutzes nicht auf, und sie macht ihn auch nicht unanwendbar. Überhaupt bleibt die besondere Struktur des Rechts auf Leben im Konnex mit der Menschenwürde erhalten. Nach der Rechtsprechung des Bundesverfassungsgerichts wird sie allerdings angereichert durch die staatliche Schutzpflicht, die das Grundgesetz ausdrücklich für die Menschenwürde vorsieht.[52] Dieser Rückversicherung hätte es eigentlich nicht bedurft, weil dem Staat von Verfassungs wegen, geschrieben oder ungeschrieben, die Verpflichtung obliegt, die grundrechtlichen Schutzgüter vor Übergriffen zu schützen.[53] Der eigentliche Sinn des Grundrechtskonnexes erschließt sich, wenn man die rechtliche Eigenart der Menschenwürdegarantie betrachtet.

3. Rechtliche Eigenart der Menschenwürdegarantie

Die Menschenwürde hat absoluten Charakter. Sie unterliegt keinen Grundrechtsschranken, weder verfassungsimmanenten noch gesetzlichen. Sie wird nicht relativiert durch andere Normen und nicht durch die Abwägung mit anderen Rechtsgütern. Denn sie liegt allen Normen und Rechtswerten voraus, auch den Grundrechten. Sie bildet selbst kein Grundrecht im eigentlichen Sinne, sondern den Grund der Grundrechte. Sie verkörpert sich in ihnen und stellt so die Sinneinheit der disparaten Einzelgrundrechte her.

---

51 Dazu Leisner (N 31), 30 ff.; Lorenz (N 30), § 128 Rn. 40 ff.
52 BVerfGE 88, 203 (252 f.).
53 Näher Isensee (N 17), § 111 Rn. 12 ff., 18 ff., 93 ff., 137 ff. (Nachw.).

Die Würde des Menschen entzieht sich der Definition.[54] Darin
gleicht sie anderen regulativen Ideen höchsten Ranges: Gerechtigkeit
und Gemeinwohl. Wenn sich auch nicht exakt und abschließend bestimmen läßt, was die Würde in ihrer abstrakten Allgemeinheit beinhaltet, so zeigt sich doch, wenn sie existentiell bedroht wird, was sie
hic et nunc erheischt. Sie ergibt eine stetig fließende Quelle praktischer
Rechtserkenntnisse, konkreter Gebote und Verbote. Diese Derivate
vermitteln zwischen der Idee der Menschenwürde und der Rechtspraxis. Sie reichern die Substanz der Grundrechte an, so die der Allgemeinen Handlungsfreiheit um die ungeschriebenen Spezialtatbestände
des Allgemeinen Persönlichkeitsrechts,[55] des Rechts der persönlichen
Ehre,[56] des Rechts auf informationelle Selbstbestimmung.[57] Die Menschenwürde bildet gleichsam die Mitte des grundgesetzlichen Werte-
systems. Um sie zentrieren sich die übrigen Rechtswerte. Sie strahlt
auf diese aus. Je nach Nähe oder Ferne zu ihr beeinflußt sie deren Re-
sistenz gegen Einschränkungen und deren Gewicht, wenn sie im Falle
der Kollision gegeneinander abzuwägen sind. Die Einwirkungen der
Menschenwürde auf die Grundrechte verschaffen diesen aber nicht
ihrerseits jene Absolutheit, wie sie der Menschenwürde im Ursprung
eigen ist. Die Grundrechte bleiben beschränkbar und abwägungsbe-
dürftig, desgleichen die Postulate, die sich aus der Menschenwürde
ableiten. Der Lebensschutz erfolgt sachverhaltsdifferenziert. Im Kon-

---

54 Zu den verschiedenen Deutungsansätzen: Walter Leisner, *Das Ebenbild Gottes
im Menschen – Würde und Freiheit* (1977), in: ders., Staat, Berlin 1994, 3 ff. Hofmann, *Menschenwürde* (N 42), 356 f., 361 ff.; Peter Häberle, *Die Menschenwürde
als Grundlage der staatlichen Gemeinschaft*, in: HStR Bd. I, ²1995, § 20 Rn. 31 ff.,
46 ff.; Christian Starck, in: von Mangoldt/Klein/Starck, Das Bonner Grundgesetz,
Bd. 1, München ⁴1999, Art. 1 Rn. 1 ff.; Dreier (N 42), Art. 1 I Rn. 36 ff.

55 Dazu mit Nachw. Hans-Uwe Erichsen, *Allgemeine Handlungsfreiheit*, in: HStR
Bd. VI, Heidelberg ²2001, § 152 Rn. 52 ff.

56 Dazu mit Nachw. Josef Isensee, *Das Grundrecht auf Ehre*, in: Festschrift für Martin
Kriele, München 1997, 5 (16 ff.).

nex mit der Würdegarantie paßt er sich den unterschiedlichsten realen Gegebenheiten und rechtlichen Konfliktlagen an: vor und nach der Geburt, außerhalb und innerhalb des Mutterleibs.

Mithin begründet die Verbindung von Menschenwürde und Lebensschutz auch keine schlechthinnige Sperre für den gentechnischen Zugriff auf den Embryo. Doch stellt sie hohe Anforderungen an die Rechtfertigung eines möglichen Zugriffs. Diese geben sich in der Anschauung der jeweiligen Konflikte des Lebensrechts mit Rechten anderer zu erkennen.

4. Ausstrahlungen der Menschenwürde in das Vorfeld des Lebensschutzes

Die Ausstrahlungen der Menschenwürde reichen über den Schutzbereich des Rechts auf Leben hinaus in das Vorfeld, in dem noch kein individuelles Leben im Sinn des Grundrechts vorhanden ist, sondern Leben erst entsteht. Aus der Gewähr der Würde des Menschen ergeben sich Direktiven für die künstliche Befruchtung, so die prinzipiellen Verbote, Embryonen zu erzeugen, die nicht durch den Zweck gerechtfertigt wird, die Schwangerschaft der Frau herbeizuführen, von der die Eizelle stammt; menschliche Keimbahnzellen künstlich zu verändern; Menschen zu klonen; Chimären und Hybriden zu bilden. Hier wird nicht die Würde eines einzelnen Menschen beleidigt, sondern die der Menschheit überhaupt. Juristisch qualifiziert: die Direktiven halten sich in der Ebene des objektiven Rechts. Die Straftatbestände des Embryonenschutzgesetzes setzen die verfassungsrechtlichen Impulse um.[58] Das bedeutet nicht, daß sie ihrerseits en

---

57 Dazu mit Nachw. Walter Schmitt Glaeser, *Schutz der Privatsphäre*, in: HStR Bd. VI, Heidelberg ²2001, § 129 Rn. 76 ff.

58 Vgl. Keller/Günther/Kaiser (N 11), § 1 Abs. 1 Nr. 2 Rn. 2 ff., 19; § 1 Abs. 1 Nr. 5 Rn. 6; § 1 Abs. 2 Rn. 4; § 5 Rn. 3 ff.; § 6 Rn. 3, 11; § 7 Rn. 4. Kritik und Skepsis an der Rele-

bloc verfassungsrechtlich festgeschrieben wären, daß sie nicht modi-
fiziert und differenzierend weiterentwickelt werden könnten, etwa
dahin, daß das Verbot für ein therapeutisches Klonen weniger schroff
ausfiele als das für das reproduktive Klonen. Gleichwohl finden die
meisten der gesetzlichen Verbote wenigstens ihren grundsätzlichen
Rückhalt in der Menschenwürdegarantie und somit eine Rechtfertigung dafür, daß sie die Grundrechte von präsumtiven Nutzern der
Gentechnik, auch das vorbehaltlose Grundrecht der Forschungsfreiheit, einschränken können. Im übrigen bewirkt ein Verstoß gegen ein
verfassungsrechtlich legitimiertes Verbot der künstlichen Zeugung
nicht, daß, wenn daraus menschliches Leben entsteht, etwa ein ge-
klonter Mehrling, diesem der grundrechtliche Status des Embryos
verschlossen wäre. Die Menschenwürde kommt jedwedem Mitglied
der menschlichen Gattung zu, ohne Rücksicht auf die Umstände der
Zeugung.[59]

Die Gewähr der Menschenwürde begründet nicht nur Berechtigungen, sondern auch Verpflichtungen, und zwar dahin, daß die
Menschen sich nicht selber entwürdigen,[60] ihre Nachkommen nicht
züchten wie Nutztiere, die Zeugung nicht von den Personen der
Eltern ablösen und – in der Art der »brave new world« – verzwecken
und industrialisieren. Zu der Achtung, die der Mensch sich selber
schuldet, gehört, daß er das humane Erbgut nicht mit tierischem
»kreuzt«.

---

vanz des Menschenwürdearguments für die Verbote des Embryonenschutzgesetzes: Dreier (N 42), Art. 1 I Rn. 56 ff. 62; Hofmann, »Umweltstaat« (N 42), 893 f.
59 S. o. N 40.
60 Zum Pflichtenaspekt der Menschenwürde für die Gentechnik: Wolfgang Graf
Vitzthum, Menschenwürdeargument, in: ZRP 1987, 33 (36); Peter Häberle, Die
Menschenwürde als Grundlage der staatlichen Gemeinschaft, in: HStR Bd. I, Heidelberg ²1995, § 20 Rn. 92. Allgemein zur Ambivalenz des Menschenwürdearguments Christian Hillgruber, Der Schutz des Menschen vor sich selbst, München
1992, 104 ff.

VI. Ausblick auf Anwendungsprobleme

1. Vorbehalt des Gesetzes

Ein Eingriff in die grundrechtlich gewährleistete Position des Embryos ist, wenn überhaupt, nur zulässig, wenn ein förmliches Gesetz dazu ermächtigt. Das gilt für Eingriffe des Staates wie auch für solche von seiten Privater, etwa Eltern oder Nutzungsprätendenten in Forschung und Industrie. Das Gesetz erfüllt lediglich eine formelle Voraussetzung des Eingriffs. Es gibt dafür keine materielle Rechtfertigung. Es bildet also keine hinreichende Bedingung, aber eine notwendige. Ohne gesetzliche Ermächtigung kann also der Forscher nicht auf »überzählige« Embryonen zurückgreifen, der Arzt nicht im Rahmen der Präimplantationsdiagnostik die Selektion der Embryonen durchführen.

Die Vorgaben der Verfassung entheben den Gesetzgeber nicht von der Notwendigkeit, politisch zu entscheiden. Sie enthalten durchwegs keine eindeutigen, operationablen Normbefehle. Vielmehr bedürfen sie der Konkretisierung. Ihrem Normcharakter nach bilden sie Grundsätze, die nicht völlig rigide sind, sondern die Möglichkeit von Ausnahmen offenhalten.

2. Grundrechtliche Abwehr eugenischer Maßnahmen des Staates

Der grundrechtliche Status des Embryos bietet Schutz davor, daß der Staat von sich aus Eingriffe tätigt, insbesondere solche, die dazu bestimmt sind, den gesundheitlichen Standard der Bevölkerung zu heben und die Geburt behinderter Kinder zu verhindern. Die Abwehr bezieht sich nicht nur auf direkte »bevölkerungshygienische« Vorkehrungen, wie sie der nationalsozialistische Staat traf,[61] sondern auch auf

---

61 Vgl. Hofmann (N 32), 256.

indirekte Maßnahmen, die Druck auf die Eltern ausüben, gentechnische Manipulationen hinzunehmen oder in die Abtreibung einzuwilli-
gen, wenn die Präimplantationsdiagnose (oder die pränatale Diagnose)
eine Erbkrankheit wie Downsyndrom oder Mukoviszidose ergibt. Ein
bösartiges Druckmittel wäre der Ausschluß der Erbkrankheiten aus
dem Schutz der Sozialversicherung.[62]

3. »Verbrauch« von Embryonen durch fremdnützige Forschung

Die Wissenschaft hat nicht die grundrechtliche Freiheit, Embryonen für ihre Zwecke zu »verbrauchen«, solange das Gesetz ihr
dies nicht verbietet, weil die Freiheit vor dem Existenzrecht der
Embryonen endet. Im Gegenteil: diese Tätigkeit ist ihr verwehrt, solange das Gesetz sie ihr nicht eigens gestattet. Das Grundrecht der
Freiheit der Forschung zwingt den Gesetzgeber nicht, ein solches
Gesetz zu erlassen; denn die Selbstbestimmung des Forschers erfaßt
nicht die Verfügung über ein anderes Grundrechtssubjekt.[63] Eine
gesetzliche Freigabe der Forschung müßte sich ihrerseits vor dem
Grundrecht des Embryos rechtfertigen. Die Rechtfertigung aber
wäre prekär. Heilungschancen für künftige Patienten rechtfertigen
nicht das Opfer des Lebens. Im übrigen sind die Chancen ungewiß,
wenn überhaupt, nur in weiter Ferne auszumachen. Hochfliegende
Hoffnugen der Wissenschaft, vollends marktschreierische Ankün-
digungen, haben in der grundrechtlichen Diskussion kein Gewicht.
Im übrigen bleibt zu prüfen, ob die grundrechtlich unbedenkliche
Forschung an adulten Stammzellen nicht eine taugliche und zu-

---

62 Zu diesem Problem Keller/Günther/Kaiser (N 11), *Einführung* A V Rn. 39.

63 Ebenso Tade Matthias Spranger, *Fremdnützige Forschung an Einwilligungs-
unfähigen, Bioethik und klinische Arzneimittelprüfung*, in: MedR 2001, 238 (243),
der auf die Einwilligungsunfähigkeit des »Forschungsobjekts« abstellt. Höfling
(N 29), 245.

mutbare Alternative wäre. Der Gesetzgeber hält sich auf der »sicheren Seite« der Grundrechte, wenn er eine solche Freigabe nicht vorsieht. Für die strenge rechtspolitische Lösung spricht, daß sie leichter durchsetzbar, weniger mißbrauchsanfällig ist als eine differenzierte Lösung, die Ausnahmen vorsieht und damit das Risiko des »Dammbruchs« in der Rechtspraxis wie im Rechtsbewußtsein herbeiführt.

Die Ausnahme, die sich am ehesten rechtfertigen ließe, wäre die Freigabe der vorhandenen »überzähligen« Embryonen für die Forschung, solcher also, die, in vitro gezeugt, an sich dazu bestimmt waren, eine Schwangerschaft herbeizuführen, jedoch für diesen Zweck nicht mehr gebraucht werden.[64] Die Frau, von der die Eizelle stammt, kann nicht genötigt werden, sich die Embryonen implantieren zu lassen. Am Willen der Frau endet die Möglichkeit des staatlichen Embryonenschutzes. Die Embryonen-Adoption durch eine andere Frau, also eine heterologe Implantation, verstieße gegen geltendes Recht und das Sittengesetz.[65] Dem Lebensschutz diente es nicht, die Embryonen um ihrer selbst willen auf unbegrenzte Zeit zu konservieren (mit dem Risiko künftigen Mißbrauchs) und die ungeheuerliche Vision heraufzubeschwören, daß gigantische Embryonen-Pyramiden entstünden. Es bleibt die Möglichkeit, die »überzähligen« Embryonen ihrem Schicksal zu überlassen.[66] In der Tat: der Menschenwürde entspricht es, sie sterben zu lassen.

---

64 Vgl. zur Verwendung überzähliger Stammzellen zu Forschungszwecken exemplarisch Rüdiger Wolfrum, *Forschung an humanen Stammzellen: ethische und juristische Grenzen*, in: Aus Politik und Zeitgeschichte, B 27/2001, 1 ff.; Ralf Müller-Terpitz, *Die neuen Empfehlungen der DFG zur Forschung mit menschlichen Stammzellen*, in: Wissenschaftsrecht 2001, 271 (277 ff.).
65 Vgl. § 1 Abs. 1 Nr. 1, 2, 6, 7 Embryonenschutzgesetz.
66 So der Beschluß der Zivilrechtlichen Abteilung des 56. Deutschen Juristentages 1986 (in: Verhandlungen 56. DJT, Bd. II, K 240, 6. Beschluß): »Fehlt eine Implantationsmöglichkeit, sind sie [›die verwaisten Embryonen‹] ihrem Schicksal zu

Doch die Frage erhebt sich, ob das Gesetz diese Embryonen nicht der Forschung zur Verfügung stellen darf.[67] Diskutabel wäre eine solche Regelung überhaupt nur, wenn sie unter strengen Kautelen stünde:

- daß die Forschungsvorhaben wesentliche Erkenntnisse für die Diagnose und die Therapie von Krankheiten versprächen;
- daß gleichwertige Ergebnisse nicht auf andere Weise gewonnen werden könnten, auch durch Forschung an adulten Zellen;
- daß Forschungen dieser Art nur in beschränktem Umfang und unter strenger staatlicher wie fachwissenschaftlicher Kontrolle durchgeführt werden dürften;
- daß Vorkehrungen getroffen würden, daß möglichst wenige »überzählige« Embryonen und keine von Anfang an für Zwecke der Forschung hergestellt werden.[68]

Der Lebensschutz wäre abzuwägen gegen das Gewicht der Forschungsfreiheit und gegen die (ungewissen und fernen) Chancen zur Hilfe für andere, die sich aus der Forschung ergeben könnten. Es bliebe der Einwand, daß die Forschung den Menschen nicht zum Objekt machen darf, und das – freilich brüchige – Gegenargument, daß die Forschung nur auf Embryonen zugreife, die ohnehin dem Tode geweiht wären, sie dem Sterben einen humanen Sinn gebe und wissenschaftlichen Erkenntnisnutzen für andere Menschen ziehen wolle. Ob die Begründung ausreicht, die Regelung grundrechtlich zu recht-

überlassen«; vgl. hierzu auch Hufen (N 21), S. 10; Christian Starck, *Hört auf, unser Grundgesetz zerreden zu wollen*, in: FAZ v. 30. Mai 2001, 55.

67 Dabei kann kein Unterschied gemacht werden zwischen legal gezeugten »überzähligen« Embryonen und solchen, die illegal unter mißbräuchlicher Anwendung von Fortpflanzungstechniken gezeugt sind (vgl. § 1 Abs. 1 und 2 Embryonenschutzgesetz).

68 Vgl. hierzu § 1 Abs. 1 Nr. 5 und 6 Embryonenschutzgesetz, wonach nur eine Befruchtung von drei Eizellen je Zyklus zulässig ist.

fertigen, stehe dahin. Jedenfalls ist der Gesetzgeber gut beraten, sich zurückzuhalten und die grundrechtliche Gefahrenzone überhaupt zu meiden.

4. Präimplantationsdiagnostik – Selektion der Embryonen

Im Blickfeld der grundrechtlichen Schutzpflichten treten ähnliche Schwierigkeiten auf bei der Präimplantationsdiagnostik, wenn unter extrakorporal gezeugten Embryonen für die Implantation eine Auswahl aufgrund einer Genomanalyse getroffen wird.[69] Zunächst geht es – rechtlich noch wenig problematisch – darum, solche auszuscheiden, die nicht hinreichend lebensfähig sind, das Stadium der Geburt zu erreichen. In der Problemzone des Verfassungsrechts stößt aber die Ausscheidung derer, die mit einem monogenen Leiden belastet sind (Trisomie 21, Hämophilie, Mukoviszidose, etc.), schließlich solcher, die eine dem Selektierenden unerwünschte genetische Disposition aufweisen, und sei es ein unerwünschtes Geschlecht. Der erste (ethisch wie rechtlich prekäre) Schritt ist getan: die Zulassung der extrakorporalen Befruchtung. Der zweite Schritt, die Selektion, so scheint es, läßt sich schwerlich aufhalten. Wenn sich die Zeugung zum entpersönlichten, zweckrational organisierten, apparativen Prozeß verwandelt hat, wirkt es konsequent, daß die Auswahl für die Einpflanzung nicht weiter dem Zufall überlassen bleibt, sondern aufgrund vollständiger Information über die Genome durch planhafte Entscheidung erfolgt und jede Scheu schwindet, den Vorhang vor den Geheimnissen der Gene zu öffnen. Für die Selektion streitet das Argu-

---

69 Dazu Herdegen, (N 11), 773 (776 ff.); Jörn Ipsen, *Der »verfassungsrechtliche Status«
des Embryos in vitro*, in: JZ 2001, 992 (995); Dieter Lorenz, *Die verfassungsrechtliche Garantie der Menschenwürde und ihre Bedeutung für den Schutz des Lebens
vor der Geburt*, in: Zeitschrift für Lebensrecht 2001, 38 (47 ff.); Faßbender (N 22),
2748 ff.

ment, daß der Embryo in vitro nicht stärkeren Schutz verdiene als der Embryo in utero.[70] Die Selektion stellt sich dar als das geringere Übel im Vergleich zu einer späteren Abtreibung aufgrund einer pränatalen Diagnose. Eine Abtreibung wäre nach dem Gesetz in den ersten 22 Wochen ohne sachliche Voraussetzungen straflos und sogar noch nach dieser Frist, wenn die Voraussetzung einer eugenischen (als »medizinisch-sozial« getarnten) Indikation vorläge.[71] Die Analogie hinkt. Die Sachverhalte der Abtreibung und der gentechnischen Selektion haben nur geringe Gemeinsamkeiten. Die leib-seelische Verbundenheit von Mutter und Kind, die »Zweiheit in Einheit« während der Schwangerschaft, ist unvergleichlich. Nur hier kann sich ein unausweichlicher Grundrechtskonflikt erheben. Der Forscher dagegen, der in den Grundrechten des Embryos auf Grenzen seiner Freiheit stößt, steckt sich seine Ziele selbst und begibt sich freiwillig in eine Konfliktlage. Die Rechtslage der Abtreibung ist in sich widersprüchlich, überdies verfassungsrechtlich umstritten. So fragt sich, woran die Analogie anknüpfen soll: an die strenge Verfassungsauslegung des Zweiten Senats des Bundesverfassungsgerichts oder an die laxe des Ersten Senats, an die planmäßig mehrdeutigen Gesetzestexte oder an die eindeutig permissive Rechtspraxis.

Die Verfassung streitet nicht für die Freigabe der Selektion. Das Elternrecht gibt nicht die Verfügung über Leben oder Tod. Es vermittelt auch keinen Anspruch auf Information über die genetische Identität des Kindes, das die Verfassung auch als Subjekt des Datenschutzes

---

70 Vgl. Dreier (N 42), Art. 1 I Rn. 59. Zustimmend Hofmann, »Umweltstaat« (N 42), 893. Kritische Analyse des Arguments Faßbender (N 22), 2751 ff.

71 Kritische Analyse Karl Lackner, Strafgesetzbuch, München ²⁴2001, § 218 a StGB Rn. 15; Tröndle/Fischer (N 27), § 218 a Rn. 21 f.; dazu auch Felix Herzog, Präimplantationsdiagnostik – im Zweifel für ein Verbot?, in: ZRP 2001, 393 (394). Vgl. auch Ernst-Wolfgang Böckenförde, Vom Wandel des Menschenbildes im Recht, Münster 2001, 35.

respektiert. Vollends enthält das Grundgesetz kein Recht auf ein Kind nach Wunsch (»Design-Baby«), dem jedwedes allgemeine Gesetz zu weichen hätte. Die Selektion läßt sich nicht dadurch rechtfertigen, daß sie erbliche Behinderungen verhüten werde. Denn nicht die Behinderung wird ausgemerzt, sondern deren Träger. Der Mensch *ist* keine Behinderung, er *hat* sie. Die Selektion erbkranken Nachwuchses verstößt gegen die Menschenwürde und gegen das grundgesetzliche Gebot, niemanden wegen seiner Behinderung zu benachteiligen.[72] Das Verfassungsrecht leistet hier nicht minder hartnäckig Widerstand als gegen eine Selektion nach dem Geschlecht, die das Embryonenschutzgesetz ausdrücklich verbietet.[73]

Der Zweifel bleibt, ob das Verbot der Selektion sich in der Praxis halten läßt, weil die Entscheidung in dem rechtlich abgeschirmten, vertraulichen Kontakt zwischen Eltern und Arzt getroffen wird. Die Durchsetzbarkeit von staatlichen Regelungen ist hier begrenzt. Daher kommt es letztlich auf das Ethos der Beteiligten an, das sich – nicht nur in der Nutzung der Gentechnik, aber hier besonders augenfällig – als die Grundlage der Rechtsgemeinschaft erweist.

---

72 Art. 3 Abs. 3 S. 2 GG.

73 Freilich mit Ausnahme jener Fälle, in denen es darum geht, das Kind vor einer »schwerwiegenden geschlechtergebundenen Erbkrankheit« zu bewahren (§ 3 Embryonenschutzgesetz).

Ludger Honnefelder
DIE FRAGE NACH DEM MORALISCHEN STATUS DES MENSCHLICHEN EMBRYOS

In der aktuellen Diskussion um Fortpflanzungsmedizin, Präimplantationsdiagnostik und Stammzellforschung nimmt die Frage nach dem moralischen Status des menschlichen Embryos eine Schlüsselstellung ein. Die Frage selbst ist nicht neu; doch anders als in den genannten aktuellen Kontexten stellte sie sich in der Vergangenheit nur in bezug auf den Abbruch und die Gefährdung einer bereits eingetretenen Schwangerschaft. Ausschließlich als Embryo im Körper der Mutter trat der ungeborene Mensch in den Blick. Erst die Entdeckung der Möglichkeit einer künstlichen Befruchtung außerhalb des Mutterleibes führte zur Existenz des Embryos in vitro und eröffnete ein bis dahin unbekanntes Spektrum von Möglichkeiten der Erzeugung und Nutzung menschlichen Lebens. Neben der In-vitro-Fertilisation zum Zweck der Infertilitätsbehandlung und der Präimplantationsdiagnostik mit Blick auf ein genetisches Risiko von Eltern mit Kinderwunsch waren es vor allem die sich abzeichnenden Ziele der medizinischen Forschung, die den Blick auf den in vitro gezeugten Embryo lenkten. Denn an der erfolgreichen Klonierung des Schafs Dolly zeigte sich, daß das *Baersche Gesetz* durchbrochen werden kann, gemäß dem die Differenzierung der verschiedenen Zelltypen aus dem am Anfang der Entwicklung eines höheren Lebewesens stehenden befruchteten Ei und den daraus hervorgehenden embryonalen Zellen einen irreversiblen Prozeß darstellen sollte. Darüber hinaus ließ die auf das Klonierungsexperiment folgende Identifizierung pluripotenter embryonaler und etlicher Formen gewebespezifischer Stammzellen deutlich werden, daß das in diesen Stammzellen liegende Entwicklungsvermögen – einmal erforscht – zu einer bis dahin unbekannten Erweiterung des therapeutischen Instrumentariums in der Hand des Arztes führen kann. Dies aber mußte mit zunehmender Dringlichkeit die Frage entwerten, wie mit dem menschlichen Embryo in vitro umzugehen ist, wenn hochrangige Ziele in Forschung und Therapie anstehen. Ist sein moralischer Status dem des Embryos in utero vergleichbar, und wie ist dieser Status überhaupt zu bestimmen?

Will man auf diese Frage eine begründete Antwort geben, ist zunächst zu klären, was die Frage nach dem moralischen Status bedeutet (I) und wie sie für den geborenen Menschen zu beantworten ist (II), um dann nach dem moralischen Status des ungeborenen Menschen (III/IV) und insbesondere des Embryos in vitro (V/VI) zu fragen, ehe ein Resümee mit Blick auf die Bedeutung der Fragestellung gezogen werden kann (VII).

I. Die Bedeutung der Frage nach dem moralischen Status

Offenkundig wird die Frage nach dem moralischen Status des menschlichen Embryos in vitro in der Erwartung gestellt, daß aus der Antwort auf diese Frage Aufschluß über die Schutzwürdigkeit des Embryos zu erhalten ist und daß dies wiederum erlaubt, Kriterien für den angemessenen Umgang mit menschlichen Embryonen zu gewinnen. Freilich will dabei der Sinn, in dem der Ausdruck »Status« verwendet wird, genau beachtet sein. Denn »Status« kann einerseits die »Verfassung« von etwas meinen, wie sie deskriptiv erfaßbar ist, oder andererseits die »Stellung« bzw. den »Stand«, der jemandem zugemessen wird bzw. den jemand einnimmt.[1] Doch ist der »Status«, um den es bei der Frage nach dem *moralischen* Status geht, weder die bio-

---

1   Vgl. K. E. Georges, *Ausführliches lateinisch-deutsches Handwörterbuch*, unveränderter Nachdruck der 8. verbesserten und vermehrten Aufl. von H. Georges, Bd. 2, Hannover 1988, Sp. 2792–2793.

logische oder ontologische Verfassung noch die gesellschaftliche Zuschreibung: Beschriebe der in Frage stehende Status nichts anderes als
die biologische oder ontologische Verfassung, wäre daraus die Schutzwürdigkeit nur um den Preis eines naturalistischen Fehlschlusses,
genauer gesagt, eines fehlerhaften Schlusses von Sein auf Sollen, zu
gewinnen. Wäre er umgekehrt nur als Resultat einer Zuschreibung
durch Dritte zu verstehen, wäre seine Bestimmung dem Verdacht bloßer gesellschaftlicher Konvention ausgeliefert. Dies bedeutet freilich,
wie wir noch sehen werden, weder, daß deskriptive Annahmen bei der
Bestimmung des Status unerheblich wären, noch, daß sich der Status
nicht über ein Urteil der Anerkennung zur Geltung brächte.

     Wie das Wort »moralisch« in der Verbindung mit »Status« an-
zeigt, wird »Status« hier verwendet, um die Antwort auf die Frage
auszudrücken, als welches »Gut« der menschliche Embryo in vitro
zu betrachten ist. Dabei wird mit dem Terminus »Gut« etwas bezeichnet, was Gegenstand eines Werturteils ist, das seinerseits »moralisch«, d. h. mit Blick auf das Handeln des Menschen von Belang ist.
»Werturteil« bedeutet jedoch keineswegs, daß es dieses Urteil ist,
durch das dem Referenzobjekt allererst ein Wert beigelegt oder zugemessen wird. Vielmehr ist beides möglich: In einem Werturteil kann
ein bereits bestehendes Gut als Gut anerkannt oder aber einem Gegenstand bzw. einem Sachverhalt der Charakter eines Gutes beigelegt
bzw. zuerkannt werden. Im ersten Fall können wir von einem intrin-
sischen, im zweiten Falle von einem extrinsischen Gut sprechen.[2] In
beiden Fällen ist das Werturteil Voraussetzung für die nachfolgenden
handlungsleitenden Urteile, wobei zu beachten ist, daß in vielen
handlungsleitenden Urteilen die zugrunde liegenden Werturteile
als solche keineswegs ausdrücklich gemacht werden.

---

2 S. Holm, Art. *Embryology, Ethics of*, in: R. Chadwick (ed.), Encyclopedia of
   Applied Ethics, Vol. 2, San Diego 1998, 39–45, 41 f.

Die Frage nach dem moralischen Status von X ist also nichts anderes als die Explikation des Werturteils, das auf die Frage antwortet, was für ein Gut das in Rede stehende X ist. Dieses Werturteil bildet dann seinerseits die Grundlage, auf die sich die jeweils handlungsleitenden Urteile beziehen. Der Differenzierung der Verwendungsweise von *Status* entsprechend kann dabei – und damit sind bereits die beiden extremen Positionen in der Diskussion um den moralischen Status des menschlichen Embryo in vitro angezeigt – X als ein intrinsisches oder als ein extrinsisches Gut verstanden werden.

II. Der moralische Status
des geborenen Menschen

Wollen wir klären, als welches Gut der menschliche Embryo in vitro zu betrachten ist, dann ist es sinnvoll, von der Frage auszugehen, als welches Gut denn der Mensch überhaupt zu betrachten ist. Denn ohne Zweifel ist es methodologisch sinnvoll, den zu klärenden Fall im Ausgang vom offenkundigen Fall einer näheren Bestimmung zuzuführen. Offenkundig ist aber, daß wir in bezug auf den *geborenen* Menschen den Ausdruck »Mensch« nicht nur in einem deskriptiven Sinn verwenden. Deshalb können wir auch fragen, ob dies in gleicher Weise der Fall ist, wenn wir von *ungeborenen* Menschen sprechen und nach deren moralischen Status fragen.

Gehen wir vom Sprachgebrauch aus, so sind wir über das, was wir meinen, wenn wir jemanden als einen »Menschen« bezeichnen, gewöhnlich nicht im Zweifel. Insbesondere zögern wir nicht, mit diesem Ausdruck alle Mitglieder unserer Spezies zu bezeichnen. Dabei gebrauchen wir – in der Fachsprache ausgedrückt – das Prädikat »Mensch« als einen sortalen Ausdruck, d. h. als einen (generellen) Terminus, mit dessen Hilfe wir etwas identifizieren, indem wir es zugleich charakterisieren. Sortale Ausdrücke wie »Mensch« sind dadurch gekennzeichnet, daß sie sich in einer festen Weise – S. A. Kripke und H. Putnam sprechen von starrer Referenz[3] – auf Exemplare von Dingen beziehen, die von einer bestimmten Natur sind. Sie sind verborgen indexikalisch, verweisen also auf einen in der Wirklichkeit vorgegebenen Bestand in Form einer natürlichen Art. Was eine solche Art ausmacht, ist daher nicht Sache der sprachlichen Konvention, sondern Sache der Wirklichkeit und der sie kennzeichnenden Naturgesetze.

In dieser Weise ist der Sortalausdruck »Mensch« keine zur beliebigen Disposition stehende kulturelle Zuschreibung, sondern meint ein Individuum einer natürlichen Art, welche durch bestimmte Kennzeichen charakterisiert ist, die wir die alle Exemplare dieser Art kennzeichnende *Natur* nennen können. Kennzeichen der mit dem Ausdruck »Mensch« bezeichneten natürlichen Art ist es, ein Lebewesen zu sein, zu dessen Natur die Entwicklung der Fähigkeit gehört, sowohl körperliche Funktionen wie Gehen oder Stehen auszuführen als auch mentale wie die, um sich selbst zu wissen und vernünftig und frei zu handeln.[4]

Charakteristisch für Sortalausdrücke wie »Mensch« ist es darüber

---

3 Vgl. S. A. Kripke, *Name und Notwendigkeit*, Frankfurt a. M. 1981, 59 f. [engl. Orig.: *Naming and Necessity*, 2. Aufl., Cambridge/Massachusetts 1980]; H. Putnam, *Die Bedeutung von Bedeutung*, Frankfurt a. M., 2. Aufl. 1990, 40–47 [engl. Orig.: *The Meaning of Meaning*, in: H. Putnam, Mind, Language and Reality. Philosophical Papers, Vol. 2, Cambridge/New York 1975, 215–271]. Vgl. dazu ausführlicher L. Honnefelder, *Natur und Status des menschlichen Embryos: Philosophische Aspekte*, in: M. Dreyer, K. Fleischhauer (Hg.), Natur und Person im ethischen Disput, Freiburg i.Br./München 1998, 259–285; ders., *Person und Menschenwürde*, in: ders., G. Krieger (Hg.), Philosophische Propädeutik, Bd. 2: Ethik, Paderborn 1996, S. 213–266.

4 Charakteristisch für die natürliche Art »Mensch« ist es nach P. F. Strawson (*Einzelding und logisches Subjekt. Ein Beitrag zur deskriptiven Metaphysik*, Stuttgart 1972, 18 [engl. Orig.: *Individuals. An Essay in Descriptive Metaphysics*, London/New York 1959]), daß von einem Individuum dieser Art gleichermaßen M(aterie)- wie P(erson)-Prädikate, d. h. auf Körperliches wie auf Mentales bezogene Prädikate, ausgesagt werden können.

hinaus, daß sie Eigenschaften benennen, die eine Entität nicht zusätzlich zu der Tatsache hat, daß sie existiert, sondern die die Weise ihrer
Existenz überhaupt ausmachen. So bezeichnen wir als »Lebewesen«
solche Entitäten, für die *Leben* die Weise ihrer Existenz darstellt. Und
»Mensch« nennen wir ein Lebewesen, für das Leben in der Weise eines
vernunftbegabten Lebewesens die Weise ist, in der es existiert.[5] Ver-
nunftbegabtes Lebewesen zu sein ist die Weise, in der der Mensch
existiert, weshalb wir dann, wenn der Mensch dies nicht mehr ist,
sagen, daß er nicht mehr existiert. Dies bedeutet indessen keineswegs,
daß der Mensch nur existiert, sofern er seine Vernunft aktuell betätigt.
Denn »Vernunftbegabtheit« wird als eine *artspezifische* Eigenschaft
verwendet, die für diese Art von Lebewesen kennzeichnend ist. Deshalb bezeichnen wir denjenigen, der am Gebrauch der Vernunft ge-
hindert ist, als einen »›kranken‹ Menschen«, und denjenigen, der noch
nicht geboren und zum Gebrauch der Vernunft gekommen ist, als
einen »›ungeborenen‹ Menschen«, und nicht jeweils als etwas von
einer anderen natürlichen Art.

Kennzeichnend für den Gebrauch des Ausdrucks »Mensch« ist
schließlich, daß wir ein Individuum, das wir als »Mensch« bezeichnen,
als ein und dasselbe in Raum und Zeit sich durchhaltendes Individuum, d. h. als eine nicht nur hier und jetzt aktuell existierende,
sondern über eine bestimmte Raum- und Zeitstrecke persistierende
Entität, und zwar – wie bereits gesagt – in der Art eines Lebewesens,
verstehen. Andernfalls wären wir weder in der Lage, uns selbst und
andere in Raum und Zeit zu (re-) identifizieren, noch könnten wir alle
Mitglieder der Spezies *homo sapiens* als »Menschen« bezeichnen, noch
wäre es sinnvoll, von *Menschen*rechten zu sprechen.

---

5   Vgl. das aristotelische Dictum, daß das Leben die Weise ist, in der Lebewesen
    existieren (und dementsprechend das Leben als vernunftbegabtes Lebewesen die
    Weise, in der vernunftbegabte Lebewesen existieren): »[…] *vivere viventibus est
    esse* […].« (Aristoteles, *De anima*, Buch II, Kap. 4, 415b 13).

Was die neuere Philosophie mit der hier skizzierten Analyse des Sprachgebrauchs und der in ihm implizierten Metaphysik offenkundig gemacht hat, entspricht der begrifflichen Analyse bei Aristoteles, wie sie von Boethius der bekannten Definition zugrunde gelegt wird, gemäß der die menschliche Person als eine »individuelle Substanz von vernünftiger Natur« (*individua substantia rationalis naturae*) zu verstehen ist.[6] Auch Kant weist gegen Lockes generelle Eliminierung des Substanzbegriffs darauf hin, daß in der praktischen Philosophie, d. h. im Kontext der Praxis, in dem wir uns wechselseitig als Wesen wahrnehmen, denen ihr jeweiliges Handeln zugeschrieben werden kann, der »Begriff der Substanz«, d. h. die Vorstellung vom Menschen als einer in Raum und Zeit sich identisch durchhaltenden Entität von bestimmter Natur, »bleiben« muß.[7]

Mit der *deskriptiven* Kennzeichnung des Menschen, Individuum einer Art zu sein, zu deren Natur es gehört, ein Lebewesen mit dem Vermögen des Vernunftgebrauchs zu sein, ist nun zugleich ein *Werturteil* verbunden.[8] Was wir nämlich mit dem Prädikat »Mensch« bezeichnen, verstehen wir im Zusammenhang der Vorzugsurteile, von denen unser Handeln bestimmt ist, als ein *Gut*, wobei Gut hier einen prämoralischen Sinn hat, insofern es den Gegenstand eines Werturteils darstellt, das dann als Grundlage unserer moralischen, auf Handlungen bezogenen Urteile dient. Den Menschen als ein Gut zu betrachten, das wir allen anderen Gütern vorziehen, ist in diesem Sinn ein Werturteil in Form eines letzten praktischen Urteils, in dem wir

---

6 Vgl. A. M. S. Boethius, *Contra Eutychen et Nestorium*, c. III, in: ders., Die Theologischen Traktate, Hamburg 1988, 74.

7 Vgl. I. Kant, *Kritik der reinen Vernunft*, A 365. Vgl. dazu ausführlicher L. Honnefelder, *Der Streit um die Person in der Ethik*, in: Philosophisches Jahrbuch 100 (1993), 246–265, 249 f.

8 Vgl. dazu F. Ricken, *Ist die Person oder der Mensch Zweck an sich selbst?*, in: M. Dreyer, K. Fleischhauer (Hg.), Natur und Person im ethischen Disput, Freiburg i.Br./München 1998, 146–168.

alle übereinstimmen. Dabei beschränken wir uns nicht auf die von der biologischen Taxonomie erfaßten Merkmale, sondern schreiben dem Menschen im Unterschied zu allen anderen Lebewesen deshalb einen unbedingten Wert zu, weil er das mit Vernunft begabte Lebewesen ist, zu dessen Natur es gehört, sich zu sich selbst verhalten und selbstgewählte Zwecke verfolgen zu können. Der Zusammenhang, auf den sich das so beschriebene praktische Urteil bezieht, läßt sich mit vergleichbarem Ergebnis auch auf andere Weise begrifflich darstellen, etwa indem gezeigt wird, daß in der Perspektive, die jeder Handelnde einnimmt, die wechselseitige Anerkennung von Subjekten mit Handlungsabsichten enthalten ist.[9]

»Fast jeder«, so heißt es bei R. Dworkin, »bejaht ausdrücklich oder intuitiv den Gedanken, daß menschliches Leben einen Wert an sich hat, der ganz unabhängig ist von dessen persönlichem Wert für irgend jemanden.«[10] Nur wenn wir diese Annahme als allgemein akzeptiert unterstellen, wird es nach Dworkin verständlich, daß Schwangerschaftsabbruch auch für denjenigen ein Problem darstellt, der den Embryo nicht als Person betrachtet, und aktive Sterbehilfe von allen auch dann für rechtfertigungsbedürftig gehalten wird, wenn sie vom Betroffenen selbst erbeten wird.

Insofern es zum Menschen gehört, ein Lebewesen zu sein, das seiner Natur nach das Vermögen besitzt, selbstgesetzte Zwecke zu verfolgen, können wir den Menschen mit Kants Sprachgebrauch auch »Person« nennen[11] und ihm im Hinblick auf den unbedingten Wert,

---

9 So etwa A. Gewirth, *Reason and Morality*, Chicago 1981. – Zu den unterschiedlichen Formen der begrifflichen Explikation des fundamentalen praktischen Urteils, das dem *moral point of view* zugrunde liegt, vgl. die Übersicht in L. Honnefelder, Art. *Ethik, 1. Philosophisch*, in: W. Korff et al. (Hg.), Lexikon der Bioethik, Bd. 1, Gütersloh 1998, 654–662, 656 ff.

10 R. Dworkin, *Die Grenzen des Lebens. Abtreibung, Euthanasie und persönliche Freiheit*, Reinbek bei Hamburg ²1994, 98 [engl. Orig.: *Life's Dominion. An Argument About Abortion and Euthanasia*, London 1993, 67].

der ihm als Zweck an sich selbst zukommt,[12] eine Würde zuschreiben,[13] die ihn der Abwägung gegen andere Güter entzieht und die
deshalb als unverletzlich gelten muß. In diesem Sprachgebrauch bezeichnet der Ausdruck »Person« den Menschen, insofern ihm die
Natur eines vernünftigen Wesens eigen ist, und apostrophiert den
unbedingten Wert, der dem Menschen in dieser Natur zukommt. In
diesem Sinn spricht Kant auch von »Kindern als Personen« und hält es
für »eine in praktischer Hinsicht ganz richtige und auch notwendige
Idee, den Akt der Zeugung als einen solchen anzusehen, wodurch wir
eine Person ohne ihre Einwilligung auf die Welt gesetzt und eigen-
mächtig in sie herüber gebracht haben.«[14] Für die Zuschreibung der
Würde genügt nach Kant der Besitz der »Menschheit«,[15] d. h. der Besitz
der mit dem Vernunftvermögen ausgestatteten menschlichen Natur,
wie sie bereits dem ungeborenen Menschen eigen ist.

   Das Ergebnis der kurzen Sprachanalyse, mit dem Sortalausdruck
»Mensch« sei ein Werturteil verbunden, das dem Menschen einen unbedingten Wert zuspreche, impliziert also weder einen Speziesismus[16]
noch einen Sein-Sollen-Fehlschluß. Denn der Einwand, man ziehe

11 Vgl. I. Kant, *Metaphysik der Sitten*, Akad.-Ausg. VI, 223: »Person ist dasjenige
     Subjekt, dessen Handlungen einer Zurechnung fähig sind.«
12 Vgl. I. Kant, *Grundlegung zur Metaphysik der Sitten*, Akad.-Ausg. IV, 431.
13 Vgl. ebd. 440. Zum Begriff der dem Menschen zukommenden Würde vgl. aus-
     führlicher den Beitrag von O. Höffe in diesem Band.
14 I. Kant, *Metaphysik der Sitten* (Anm. 11), 280 f.
15 Vgl. I. Kant, *Grundlegung zur Metaphysik der Sitten* (Anm. 12), 429: »Handle so,
     daß du die Menschheit, sowohl in deiner Person, als in der Person eines jeden an-
     dern, jederzeit zugleich als Zweck, niemals bloß als Mittel brauchest.« – Zu der
     Bdeutung von »Menschheit« bei Kant und zur Identifikation von »Mensch« und
     »Person« vgl. F. Ricken, *Homo noumenon und homo phaenomenon. Ableitung,
     Begründung und Anwendbarkeit der Formel von der Menschheit als Zweck an sich
     selbst*, in: O. Höffe (Hg.), Grundlegung zur Metaphysik der Sitten. Ein koopera-
     tiver Kommentar, Frankfurt a. M. 1989, 234–252.
16 So der Einwand von P. Singer, *Praktische Ethik*, Stuttgart 1984, 169 [engl. Orig.:
     Practical Ethics, 2. Aufl., Cambridge 1995].

damit eine bestimmte biologische Spezies grundlos anderen vor, ist nur berechtigt, wenn man zuvor die Natur des Menschen auf das beschränkt, was die Taxonomie der Biologie erfaßt, und den Wert des Menschen auf seinen biologischen Wert reduziert. Den unbedingten Wert aber sprechen wir nicht dem biologischen Substrat, sondern der Natur des Menschen zu, wie wir sie in unserem lebensweltlichen Sprechen mit dem Ausdruck »Mensch« bezeichnen. Und ein Fehlschluß liegt nicht vor, weil der Wert des Menschen nicht aus seiner Natur gefolgert, sondern ihm in seiner Natur in Form eines letzten praktischen Urteils zugesprochen wird. Wäre das (Sortal-) Prädikat »Mensch« nicht mit einem solchen Werturteil verbunden, bräche die Begründung für eine fundamentale moralische und rechtliche Annahme weg, nämlich die von der anzuerkennenden Gleichheit aller Menschen *als Menschen*.

III. Der moralische Status des ungeborenen Menschen

Wenn aber zu dem Prädikat »Mensch« gehört, von jedem Mitglied der Art ausgesagt zu werden, und wenn dieses Prädikat mit dem beschriebenen fundamentalen Werturteil verbunden ist, das dem Menschen einen besonderen moralischen Status zuspricht, dann liegt es nahe, diesen Status auch dem noch nicht geborenen Lebewesen zuzusprechen, das unter die menschliche Art fällt und sich zu einem geborenen Menschen zu entwickeln vermag.

Zur rechtlichen Regelung wird diese Einsicht schon 1794 im *Allgemeinen Landrecht in den preussischen Staaten*, das die dem Menschen zukommende Schutzwürdigkeit auch auf den ungeborenen Menschen ausdehnt.[17] Damit gibt die europäische Aufklärung der bereits in der

---

17 *Allgemeines Landrecht in den preussischen Staaten*, § 10, I, I.

antiken Philosophie begegnenden und von Judentum und Christentum in das Zentrum des menschlichen Selbstverständnisses gestellten
Einsicht rechtlichen Ausdruck, die Cicero von einer *dignitas* sprechen
läßt, die dem Menschen nicht erst durch Dritte zugesprochen wird,
sondern ihm aufgrund seiner *natura* eigen ist[18] und die ihre christliche
Deutung im Begriff der »Gottebenbildlichkeit« findet, die dem Menschen deshalb zukommt, weil er seiner Natur nach das mit Vernunft
und freiem Willen begabte Wesen ist.[19] Ordnet man – wie im Projekt
der Aufklärung – dem Gedanken von der *Gleichheit* der Menschen in
dieser *dignitas naturae* eine fundamentale Bedeutung zu, ist es konsequent, die daraus resultierende Schutzwürdigkeit auch auf den ungeborenen Menschen auszudehnen und rechtlich zur Geltung zu
bringen.

Wie aber – so lautet dann die Frage nach dem moralischen Status
des menschlichen Embryos in vitro – kann der beschriebenen doppelten Einsicht in ihren beiden Teilen gleichermaßen Rechnung getragen
werden: daß nämlich die dem Menschen eigene Würde jedem Menschen *als Menschen* zukommt, der Mensch sich aber zugleich als
Mensch *zum Menschen* entwickelt? Jeder Versuch einer Antwort auf
diese Frage hat beiden Intuitionen gerecht zu werden, wobei in der
zwischen diesen Intuitionen liegenden Spannung offensichtlich der
Grund für die bislang nicht behebbare Verschiedenheit der Antworten liegt, die den gegenwärtigen Streit um den Status des Embryos
kennzeichnet.[20] Dabei ist zu beachten, daß diese Spannung gleicher-

18 Vgl. M. T. Cicero, *Vom rechten Handeln*, lateinisch und deutsch, eingeleitet und
    neu übersetzt von K. Büchner, 2. Aufl., Zürich/Stuttgart 1964, No. 105–106,
    90 f. Vgl. dazu ausführlicher L. Honnefelder, *Person und Menschenwürde*,
    (Anm. 3).
19 Vgl. etwa Thomas von Aquin, *Summa Theologiae*, I–II, prol.
20 Vgl. die neuere Übersicht bei J. Reiter, *Biopolitik und Ethik. Die Gentechnik-
    debatte duldet keinen Aufschub*, in: Herder Korrespondenz 55 (2001), 605–612,

maßen die begriffliche Explikation wie auch die normative Antwort auf die damit verbundene Herausforderung betrifft.

Eine *erste* hier zu nennende Grundposition geht bei der Rückübertragung des moralischen Status und der daraus resultierenden Schutzwürdigkeit vom geborenen auf den ungeborenen Menschen von der *Identität* und *Kontinuität* aus, die den geborenen mit dem ungeborenen Menschen verbindet und die dem ungeborenen Menschen die *reale Potentialität* zukommen läßt, sich aus sich heraus zu dem geborenen Menschen zu entwickeln.[21]

Denn ohne Zweifel gehört der ungeborene Mensch nicht nur der gleichen Spezies an wie der geborene; vielmehr ist es ein und dasselbe Lebewesen, das sich über die verschiedenen Phasen der Schwangerschaft hinweg zu dem geborenen Menschen entwickelt. Auch die Weise, in der wir uns rück- und vorblickend als mit uns identisch erfahren und uns eine unverwechselbare Identität zuschreiben, ist unlöslich an die diachrone Identität des Lebewesens gebunden, das wir sind. Wir führen uns zurück auf das Kind, das zu einem bestimmten Zeitpunkt von bestimmten Eltern gezeugt wurde, und auch unsere Sorge zu überleben bezieht sich darauf, als dieses Lebewesen zu überleben, das wir seit der Zeugung bis jetzt sind.

Wenn sich aber Identität und Kontinuität auf das Lebewesen beziehen, das ein jeder von uns ist, dann müssen sie sich so weit zurück erstrecken, wie es ein Lebewesen gibt, das sich als solches – und dies bedeutet für Lebewesen: sich als ein lebendiges Ganzes aus sich heraus – zu dem geborenen Menschen entwickelt, der ich bin. Dafür

---

608 f.; ferner die Dokumentation von C. Geyer (Hg.), *Biopolitik. Die Positionen*, Frankfurt a. M. 2001, sowie: *Zweiter Zwischenbericht der Enquete-Kommission Recht und Ethik der modernen Medizin – Teilbericht Stammzellforschung*, Bundestags-Drucksache 14/7546 (21. November 2001).

21 Vgl. ausführlicher L. Honnefelder, *Person und Menschenwürde* (Anm. 3), 250–254.

genügt nicht die *logische* Möglichkeit, daß sich aus Ei und Samenzelle
ein Lebewesen entwickeln kann. Es genügt auch nicht die Möglichkeit, daß ein Minderjähriger zu einem Volljährigen oder ein Kron-
prinz zu einem König mit entsprechenden Befugnissen wird. Ferner
geht es nicht – wie beim unbehauenen Marmor mit Blick auf die in
ihm ›enthaltene‹ Statue – um *materiale* Potentialität, sondern – und
dies wird in der üblichen Kritik des Potentialitätsarguments meist
übersehen[22] – um die spezifische Potentialität, die Lebewesen von
dem Augenblick an eigen ist, in dem sie entstanden sind, und die
dazu führt, daß sie – die üblichen Umstände vorausgesetzt – zu dem
werden, was zu ihrer Art gehört.[23] Es ist also die *reale* und *aktive*
Potenz eines bereits existierenden Lebewesens, die die Identität und
Kontinuität mit dem später geborenen Menschen begründet. Damit
wird deutlich, daß Zugehörigkeit zur menschlichen Spezies, Identität, Kontinuität und Potentialität Aspekte sind, die in wechselseitig
sich bedingender Weise und deshalb voneinander nicht trennbar die
embryonale Entwicklung eines Lebewesens kennzeichnen. In dieser
spezifischen Verbindung sind sie die Grundlage für das Argument,
den Beginn des Menschseins auf den Beginn dieser Entwicklung zu-
rückzuführen.[24]

---

22 Vgl. etwa C. Kaminsky, *Embryonen, Ethik und Verantwortung*, Tübingen 1998,
    96–101, oder B. Schöne-Seifert, *Von Anfang an? Ein kompromißloser Lebens-
    schutz für frühe menschliche Embryonen läßt sich auch für die Forschung nicht
    begründen*, in: Die Zeit, 22. Februar 2001.

23 Vgl. dazu ausführlicher S. Holm, Art. *Embryology, Ethics of* (Anm. 2), 42 f.;
    ders., *The Moral Status of the Pre-personal Human Being. The Argument From
    Potential Reconsidered*, in: D. Evans (Hg.), Conceiving the Embryo. Ethics, Law
    and Practice in Human Embryology, The Hague/London/Boston 1996,
    193–220, 206 ff.

24 Dies wird in der Kritik von R. Merkel (*Rechte für Embryonen? Die Menschen-
    würde läßt sich nicht allein auf die biologische Zugehörigkeit zur Menschheit
    gründen*, in: C. Geyer (Hg.), Biopolitik (Anm. 20), 51–64) gänzlich übersehen.

IV. Gegenargumente

Eine *zweite* Grundposition, die im Gegensatz zu der bereits genannten Grundposition steht, kommt zu dem Resultat, daß dem
Menschen ein moralischer Status erst nach der Geburt bzw. zu einem
nach der Geburt liegenden Zeitpunkt zukommt, wobei die eine Variante dieser Position im Zusammenhang einer *Theorie von Rechten*, die
andere Variante im Kontext eines *Präferenzutilitarismus* begegnet.

Die erste dieser beiden Varianten geht davon aus, daß nur dann
sinnvoll von einem moralischen Status des Menschen zu sprechen ist,
wenn dies bedeutet, bestimmte *Rechte* – darunter vor allem das Lebensrecht – zu besitzen.[25] Für die Zuschreibung von Rechten ist aber
nach dieser Position eine notwendige Bedingung der Besitz von *Interessen*, und Interessen wiederum hat ein Lebewesen bzw. eine Entität
nur dann, wenn es *darum weiß*, daß diese Interessen verletzt sind. Ein
Lebewesen, das nicht daran interessiert ist, Schmerz zu vermeiden,
weil es diesen Schmerz nicht empfinden kann, das auch nicht daran
interessiert ist, zu überleben, weil es gar nicht um sein Leben als Leben
weiß, und das eine Verletzung seiner Selbstachtung nicht erfahren
kann, weil es sie noch nicht entwickelt hat, kann – so das Argument –
auch keine Interessen haben, die durch Rechte zu schützen wären. Der
Zeitpunkt des Besitzes von elementaren Rechten ist daher an den Zeitpunkt der bewußt erfahrenen Verletzbarkeit von Interessen gebunden
und somit kaum vor der Geburt des Menschen anzusetzen.[26]

---

25 Vgl. die diskutierten Positionen in S. Holm, Art. *Embryology, Ethics of* (Anm. 2);
    ders., *The Moral Status of the Pre-personal Human Being* (Anm. 23).

26 Für ein Einsetzen des moralischen Status bei der Geburt des Menschen werden
    noch weitere Überlegungen vorgetragen, die auf die Bedeutung der Geburt für das
    Leben des Menschen abheben, wie die der »manifestierten Eigenständigkeit« oder
    der Tatsache, »aus[zu]sehen wie ein Mensch« (V. Gerhardt, *Der Mensch wird gebo-
    ren*, in: Merkur 55, 5 (2001), 412–423, 417 f.). Ohne die Bedeutung schmälern zu
    wollen, die dem Ereignis der Geburt zukommt, wird man solchen Argumenten

Die Bindung des Besitzes von Rechten (und damit des in Frage stehenden moralischen Status) an verletzbare Interessen geht aber, so ist dieser Position entgegenzuhalten, nicht nur von der (im Kontext der Ethik keineswegs zwingenden) Annahme aus, daß ein schutzwürdiges Gut nur da vorliegt, wo eine Entität im Besitz von *Rechten* ist; selbst unter Voraussetzung dieser Annahme führt die mit dieser Position verbundene Argumentation nicht zu dem behaupteten Ergebnis. Denn keineswegs liegen schützenswerte Interessen erst dann vor, wenn das Lebewesen sich der Interessen und ihrer Verletzung *bewußt* ist. Liegt nämlich der Grund für die Verwerflichkeit der Tötung eines Unschuldigen darin, daß wir – wie S. Holm argumentiert – ihn der Möglichkeit berauben, »ein Leben wie das unsere zu führen«, dann liegt ein verletzbares Interesse bereits dann vor, wenn es ein Lebewesen gibt, das die reale Potenz besitzt, ein Leben wie das unsere zu führen, und das in Identität und Kontinuität zu dem Lebewesen steht, das ein solches Leben bewußt erfährt und deshalb das Interesse besitzt, nicht zu einem früheren Zeitpunkt getötet worden zu sein.[27]

Hält man sich diese Perspektive vor Augen, ist es durchaus konsequent, die kontraktualistische Begründung des moralischen Standpunkts zu erweitern und den Achtungsanspruch nicht auf die der wechselseitigen Anerkennung fähigen Subjekte zu beschränken, sondern diesen Anspruch – wie neuerlich J. Habermas vorschlägt – um die Forderung zu erweitern, den ungeborenen Menschen »in Antizipation seiner Bestimmung *wie eine zweite Person* zu behandeln, die sich, *wenn* sie geboren *würde*, zu dieser Behandlung verhalten *könnte*«.[28]

im Zeitalter der eingeleiteten oder verzögerten Geburt allerdings wenig Gewicht beimessen können.

27 Vgl. S. Holm, *The Moral Status of the Pre-personal Human Being* (Anm. 23), insbes. 211.

28 J. Habermas, *Die Zukunft der menschlichen Natur. Auf dem Weg zu einer liberalen Eugenik?*, Frankfurt a. M. 2001, 120.

Denn was sollte Anlaß für die geforderte Erweiterung des Achtungsanspruchs sein und die vorgeschlagene Antizipation von einer dezisio-
nistischen Fiktion unterscheiden, wenn nicht die Tatsache, daß dem
ungeborenen Menschen die *reale Potenz* eigen ist, »ein Leben wie das
unsere zu führen«?[29] Wenn aber zu achtende Interessen bereits dann
vorliegen, wenn ein Lebewesen existiert, das die reale Potenz besitzt,
»ein Leben wie das unsere zu führen«, dann ist es das zur Begründung
intersubjektiv verbindlicher Rechte und Pflichten angeführte moralische Prinzip der Symmetrie, das die Ausweitung auf den ungeborenen
Menschen fordert.[30]

Die zweite Variante der Auffassung, die einen moralischen Status
des menschlichen Embryos bestreitet, basiert auf der präferenzutilita-
ristischen Annahme, daß jede moralische Verpflichtung ihre Grundlage allein im Gebot der gleichen Berücksichtigung gleicher *Interessen*
besitzt. Somit könne ein generelles Tötungsverbot nur solche Lebewesen betreffen, die Präferenzen von Interessen entwickeln – und
nur mit Blick auf solche Lebewesen spricht der Präferenzutilitarismus von *Personen* – und für die daher der Tod auch dann eine Verletzung von Interessen darstellt, wenn er unerwartet und schmerzlos
erfolgt.[31] Da aber Interessenspräferenzen wiederum nur vorliegen,
wenn ein Lebewesen Eigenschaften wie Selbstbewußtsein, Zukunfts-
bezug, Wissen um den Tod u. ä. ausgebildet hat, setzt der Status der
Schutzwürdigkeit des Menschen als Person erst in Stadien seiner
Entwicklung ein, wie sie im ersten Lebensjahr erreicht werden. Konsequenterweise fallen umgekehrt auch tierische Lebewesen, die Interessenspräferenzen aufweisen, unter den beschriebenen Schutzstatus.

---

29 S. Holm, *The Moral Status of the Pre-personal Human Being* (Anm. 23), 211.
30 Vgl. auch M. Lutz-Bachmann, *Menschen sind Personen. Über einen Grundsatz der
      praktischen Vernunft*, in: Information Philosophie 29, 3 (2001), 16–19.
31 So etwa P. Singer, *Praktische Ethik* (Anm. 16); vgl. dazu ausführlicher L. Honnefel-
      der, *Der Streit um die Person in der Ethik* (Anm. 7).

Gegen diese Position können nicht nur eine Reihe von kontrain-
tuitiven Konsequenzen angeführt werden; sie bringt auch alle Schwierigkeiten mit sich, auf die eine utilitaristische Ethik generell stößt –
von der Schwierigkeit der interpersonalen Interessensbeurteilung bis
zum Fehlen eines Gerechtigkeitsprinzips und der Möglichkeit der
Mediatisierung des Individuums.[32] Will man die dem Utilitarismus
in seiner ursprünglichen Form eigenen Schwierigkeiten, wie es der
Präferenzutilitarismus versucht, durch Einführung des Begriffs einer
»Präferenz von Interessen« im Sinn einer Vorzugsordnung in bezug
auf zukünftige Interessen beheben, muß man konsequenterweise –
wie D. Parfit gezeigt hat – die diachrone Identität der Person – wie
schon Locke – an die Einheit des Bewußtseins, d. h. an die mentale
Kontinuität der Erinnerung (*mental connectedness*), binden.[33] »Person«
bzw. »Mensch« muß dann – in der Fachsprache ausgedrückt – als Phasen-Sortal, nicht als Substanz-Sortal interpretiert werden. Das aber
widerspricht der Auslegung unseres praktischen Selbstverhältnisses,
der gemäß – so D. Wiggins[34] – die elementare Überlebenssorge als die
Sorge verstanden werden muß, als das Lebewesen fortzuleben, das
wir sind, und nicht als Sorge um eine nächste Phase im Kontinuum
unserer mentalen Wahrnehmung. Der Rückgang auf »Person« bzw.
»Mensch« als Phasen-Sortal führt auch in kaum lösbare theoretische
Schwierigkeiten, denn er setzt eine Ereignis-Ontologie voraus, die gegenüber den substanzontologischen Annahmen, die sowohl unser le-
bensweltliches Sprechen als auch unser wissenschaftliches Sprechen
im Bereich der Lebewesen macht, nur schwer zu verteidigen ist.[35]

---

32 Vgl. etwa O. Höffe, *Einleitung*, in: ders. (Hg.), Einführung in die utilitaristische
    Ethik, klassische und zeitgenössische Texte, 2. überarb. Aufl., Tübingen 1992, 7–51.
33 Vgl. D. Parfit, *Reasons and Persons*, Oxford 1984, 322.
34 Vgl. D. Wiggins, *The Concern to Survive*, in: ders., Needs, Values, Truth. Essays in
    the Philosophy of Value, 2. Aufl., Oxford 1991, 303–311.
35 Vgl. ausführlicher L. Honnefelder, *Der Streit um die Person in der Ethik* (Anm. 7),
    259 ff.

V. Der Embryo in vitro

Mit dem Verweis, daß wir in Lebenswelt und Wissenschaft das Prädikat »Mensch« als Substanz-Sortal verwenden, ist die leitende Fragestellung jedoch noch keineswegs beantwortet. Denn die Ausdehnung des moralischen Status auf den Embryo aufgrund der Identität, Kontinuität und realen Potentialität, die den ungeborenen Mensch mit dem geborenen Menschen verbindet, gibt noch keine genaue Antwort auf die Frage, *von welchem Zeitpunkt an* das menschliche Lebewesen denn beginnt, auf das der fragliche Status ausgedehnt wird. Erst damit sind wir bei der Frage nach dem moralischen Status des Embryos in seiner frühesten Phase, insbesondere unter der Existenzweise in vitro.

Geht man vom Begriff eines »Lebewesens« aus und versteht darunter eine selbständige, aus sich heraus lebende, sich selbst gemäß einem eigenen individuellen Genom organisierende und zur Ganzheit eines Exemplars der Art entwickelnde und als solche sich replizierende Einheit, dann beginnt ein neues Lebewesen von der Art des Menschen nach abgeschlossener Befruchtung, also dann, wenn mit den ersten Zellteilungen die selbstgesteuerte und gemäß dem individuellen Genom sich vollziehende Entwicklung eines Lebewesens einsetzt. In diesem Sinn ist der Beginn des menschlichen Lebewesens seitens der Embryologie und der Entwicklungsbiologie unkontrovers.[36]

Freilich bleibt der Einwand, daß auch das sog. *Vorkernstadium*, in dem das Spermium bereits in das Ei eingedrungen ist, die Verbindung der beiden in den getrennten Zellkernen vorliegenden haploiden Chromosomensätze jedoch noch nicht stattgefunden hat, eine Einheit darstellt, der die in Rede stehende reale Potentialität eigen ist, insofern sie sich aus sich selbst heraus zu den weiteren Embryonalstadien entwickelt. In der Tat macht das Vorkernstadium als eine be-

---

36 Vgl. im einzelnen etwa G. Rager (Hg.), *Beginn, Personalität und Würde des Menschen*, Freiburg i.Br. 1997, 15–159.

stimmte Phase im Prozeß der Entstehung eines neuen Lebewesens den Prozeßcharakter dieser Entstehung deutlich. Doch erfüllt es gerade noch nicht die genannten Kriterien eines neuen, sich selbst steuernden und organisierenden Lebewesens, von dem erst gesprochen werden kann, wenn die befruchtete Eizelle sich in Form der Zellteilungen zu entwickeln beginnt. Es ist nicht die reale Potentialität der beiden noch getrennten haploiden Chromosomensätze *zu* einem neuen Lebewesen, sondern die reale Potentialität der befruchteten Eizelle *als* einem neuen Lebewesen, die gemäß dem genannten Ansatz als Kriterium für den Beginn des Lebens dieses Lebewesens zu betrachten ist. Von daher erscheint es im Hinblick auf die zu treffende Abgrenzung als gerechtfertigt, die abgeschlossene Befruchtung und die damit einsetzende selbstgesteuerte Entwicklung als den Beginn des Lebens eines eigenen – genetisch und numerisch individuellen – Lebewesens zu betrachten.

Ein zweiter Einwand geht von der Tatsache aus, daß sich mit abgeschlossener Befruchtung zwar ein einzigartiges Genom gebildet hat, durchaus aber noch eine Mehrlingsbildung stattfinden kann. Das neu entstandene Lebewesen besitzt in dieser Phase zwar Individualität im Sinn von *Ungeteiltheit,* d. h. von genetischer Einheit und Einzigartigkeit, aber ihm fehlt Individualität im Sinn von Unteilbarkeit, d. h. von numerischer Einzigkeit als Lebewesen, wie sie die bleibende Identität des sich entwickelnden Embryos begründet. Wenn aber zwischen genetischer und organismischer bzw. numerischer Individualität unterschieden werden muß, kann die Ausdehnung des moralischen Status – so der Einwand – nur bis zu dem Zeitpunkt sinnvoll sein, in dem feststeht, auf welche individuelle Entität er zu beziehen ist, d. h. bis zum Abschluß der Möglichkeit einer Mehrlingsbildung.[37]

---

37 Vgl. etwa N. M. Ford, *When Did I Begin? Conception of the Human Individual in History, Philosophy and Science*, Cambridge 1988, 84–101. N. Knoepffler, *Forschung an menschlichen Embryonen. Was ist verantwortbar?*, Stuttgart/Leipzig 1999, 94–99.

Auch dieser Einwand macht die komplexe Prozeßhaftigkeit deutlich, die die Entstehung und Entwicklung eines Lebewesens von der Organisationsform des Menschen kennzeichnet. Zudem kann ihm die wichtige Einsicht entnommen werden, daß die Bindung des moralischen Status allein an das Vorliegen eines individuellen Genoms ein »Genetizismus« wäre, der den Verhältnissen nicht gerecht wird. Denn das Genom ist nicht als eine Art von aristotelischer Seele und nicht als das maßgebliche Lebensprinzip aufzufassen.[38] Lebensprinzip ist die befruchtete Zelle, die freilich ihre Entwicklung gemäß dem neuen individuellen Genom vollzieht. Das aber bedeutet, daß die Bezugsentität für den in Frage stehenden moralischen Status des Embryos in vitro nicht das individuelle Genom, sondern das neue Lebewesen ist, dem dieses individuelle Genom eignet. Der aus der befruchteten Zelle sich entwickelnde Embryo ist aber auch im Fall einer Mehrlingsbildung in jeder Phase nicht nur genetisch einzigartig, sondern stets auch numerisch *ein* Lebewesen; nur *entstehen* im Fall der Mehrlingsbildung aus dem bis dahin existierenden Individuum eines oder mehrere weitere Individuen. Da in keiner Phase genetische Einzigartigkeit nicht mit Individualität verbunden ist, erlaubt es dieser Befund nicht, den Zustand bis zu diesem Zeitpunkt *prä*individuell zu nennen und dementsprechend von einem *Prä*embryo zu sprechen. Allerdings führt er die Sprache, in der wir über Individuation sprechen, an ihre Grenzen, jedenfalls wenn wir im üblichen Sprachgebrauch unter Individualität nicht nur Un*geteiltheit*, sondern auch Un*teilbarkeit* verstehen.[39]

---

38 Vgl. dazu ausführlicher L. Honnefelder, *Was wissen wir, wenn wir das menschliche Genom kennen? Die Herausforderung der Humangenomforschung – Eine Einführung*, in: ders., P. Propping (Hg.), Was wissen wir, wenn wir das menschliche Genom kennen?, Köln 2001, 9–25.

39 Vgl. dazu G. Rager (Hg.), *Beginn, Personalität und Würde des Menschen* (Anm. 36), insbes. 88 f.

VI. Gradualistische Positionen

Als der entscheidende Einwand, der *gegen* die Annahme angeführt werden kann, dem Embryo sei von vollendeter Befruchtung an der moralische Status eines menschlichen Lebewesens eigen, bleibt allerdings die *Prozeßhaftigkeit*, in der sich die Entstehung eines neuen menschlichen Lebewesen vollzieht. Offenkundig ist ja die Befruchtung als eine »Kaskade« zu beschreiben, in der jede Stufe kontinuierlich aus der anderen folgt.[40] Daraus hat die häufig als *gradualistisch* bezeichnete Position den Schluß gezogen, daß zwar dem Embryo von vollendeter Befruchtung an Schutzwürdigkeit zukommt, daß aber diese Schutzwürdigkeit im Maß der Entwicklung zunimmt und sich – so der *Warnock Report*, der der Rechtsregelung in Großbritannien zugrunde liegt[41] – von einem besonderen Status (*special status*) zu einem uneingeschränkten Status der Schutzwürdigkeit entwickelt. Als maßgebliche Zäsuren werden dabei die Einnistung in den Uterus (4.–6. Tag), die Ausbildung des Primitivstreifens (12.–14. Tag) und die Ausbildung neuronaler Strukturen (nach dem 50. Tag) genannt.[42]

Was *gegen* einen Gradualismus der Schutzwürdigkeit spricht, ist die Kontinuität der Entwicklung, die die Setzung von Zäsuren nicht ohne eine verbleibende Beliebigkeit zuläßt. Daß wir in bezug auf Kontinuen quantitativer und qualitativer Art in anderen Zusammenhängen erfolgreich Unterscheidungen vornehmen, widerlegt dies nicht. Denn im Fall des Embryos handelt es sich um ein Kontinuum der or-

---

40 Vgl. vor allem H. M. Beier, *Reproduktionsbiologie – Physiologische Grundlagen für Befruchtung und Schwangerschaft*, in: K. V. Hinrichsen (Hg.), Humanembryologie, Berlin/Heidelberg/New York 1990, 69–85; ders., *Definition und Grenze der Totipotenz: Aspekte für die Präimplantationsdiagnostik*, in: Ethik in der Medizin 11, Suppl. 1 (1999), 23–37.

41 Department of Health and Social Security, *Report of the Committee of Inquiry into Human Fertilisation and Embryology (Warnock Report)*, London 1984, 63 f.

42 Vgl. S. Holm, Art. *Embryology, Ethics of* (Anm. 2).

ganischen Entwicklung, die ein Lebewesen unter den üblichen Bedingungen *von sich aus* nimmt. Eine solche Entwicklung läßt keinen anderen Schluß zu, als bei der Frage nach dem Beginn auf den Zeitpunkt zu verweisen, in der der Entstehungsprozeß den Charakter der *Selbstentwicklung eines eigenen Lebewesens* annimmt.

Von den drei genannten Zäsuren kann der *Beginn des ›Hirnlebens‹* am wenigsten überzeugen. Zwar ist es – wie ausgeführt – das Vermögen der Subjekthaftigkeit, das den moralischen Status des Menschen begründet, doch eignet dieses *Vermögen* bereits dem Embryo in seinen frühesten Stadien, sonst könnte es nicht zur Ausbildung der entsprechenden Fähigkeiten kommen.[43] Wenn man den Status allein von dem Entwicklungsgrad der physiologischen Voraussetzungen abhängig machen wollte, müßte man ihn in analoger Weise auch an den jeweiligen physiologischen Zustand bzw. an die aktuellen Vollzüge des Vermögens binden. Aber wir betrachten auch den Schlafenden, den Bewußtlosen, den noch nicht zum Bewußtsein Gekommenen und den Bewußtseinsgeschädigten in einem evaluativen Sinn *als Menschen.* Den Status zur wechselnden und zudem von Leistungen abhängigen Größe zu machen widerspräche der Forderung nach moralischer Symmetrie und rechtlicher Gleichheit, in deren Zusammenhang der Rekurs auf den moralischen Status allererst seinen Sinn gewinnt.

Die *Ausbildung des Primitivstreifens*, die als zweite der Zäsuren genannt wurde, gewinnt ihre Relevanz für den moralischen Status durch den damit verbundenen Ausschluß der Möglichkeit der Mehrlingsbildung. Doch wie dargestellt, beginnt die Individuierung nicht erst damit; eher könnte man sagen, daß sie mit der Unteilbarkeit, die in dieser Phase zur Ungeteiltheit hinzukommt, ihren (negativen) Abschluß findet. Dies ist aber kein hinlänglicher Grund, um bis zum

---

43 Vgl. G. Rager (Hg.), *Beginn, Personalität und Würde des Menschen* (Anm. 36), 97 ff.

Ende der ersten 14 Tage von einem *Präembryo* zu sprechen und damit die Annahme eines qualitativ differenten Stadiums zu verbinden.

Größer scheint jedoch die Relevanz, die der *Einnistung in den Uterus* für den moralischen Status zukommt. Im Fall des Embryos in vitro geschieht sie nicht von selbst, sondern durch die Implantation, also durch einen Eingriff von dritter Seite, mit dem für die betroffene Frau *ihre* Schwangerschaft beginnt. Von der Einnistung aber – so die Argumentation – ist es abhängig, daß zusätzliche Faktoren ihre Wirkung aufnehmen, die nicht zu dem bereits vorhandenen genetischen Programm des Embryos gehören, sondern epigenetisch einwirken, die jedoch die Voraussetzung dafür sind, daß es zu einer weiteren Entwicklung des Embryos kommt. Dazu werden insbesondere die Signale gezählt, die der Embryo erst durch die Wechselwirkung mit dem mütterlichen Organismus empfängt.[44]

Sollten sich diese Vermutungen in der Forschung bestätigen, sind ohne Zweifel neue Fragen gestellt: Sind solche epigenetisch wirkende Faktoren als notwendige, aber zur realen Potentialität des Embryos in vitro nur hinzukommende Umgebungsbedingungen zu verstehen, oder stellen sie konstitutive Ursachen dar, ohne die wir noch gar nicht von einer realen, aktiven Potentialität des Embryos sprechen können? Und würde dies dann bedeuten, daß der Embryo erst mit der Einnistung zu einem menschlichen Lebewesen wird bzw. Leben im Sinn der – wie es das Bundesverfassungsgericht ausdrückt – »geschichtlichen

---

44 Vgl. neuerlich C. Nüsslein-Volhard, *Wann ist ein Tier ein Tier, ein Mensch kein Mensch? Eine wunderbare Symbiose: Die Befruchtung ist nur der halbe Weg zur Entwicklung des Individuums*, in: Frankfurter Allgemeine Zeitung 53, 229 (2. Oktober 2001), 55; ferner auch C. Kummer, *Biomedizinkonvention und Embryonenforschung. Wieviel Schutz des menschlichen Lebensbeginns ist biologisch »angemessen«?*, in: A. Eser (Hg.), Biomedizin und Menschenrechte. Die Menschenrechtskonvention des Europarats zur Biomedizin – Dokumentation und Kommentare, Frankfurt a. M. 1999, 59–78.

Existenz eines menschlichen Individuums«[45] gewinnt? Das würde allerdings einen Begriff des »Lebewesens« voraussetzen, der inhaltlich mehr enthält und deshalb restriktiver ist als der übliche, indem er die Wechselwirkung mit dem mütterlichen Organismus als *Conditio sine qua non* in sich aufnimmt. Hieraus könnte dann gefolgert werden, daß die Schutzwürdigkeit, die dem Embryo am Leitfaden der realen Potentialität zukommt, zumindest in ihrem vollen Umfang erst ab dem Zeitpunkt der Nidation anzusetzen wäre.

Aber ist der Embryo – so muß die Gegenfrage lauten – nicht auch *vor* der Einnistung bereits ein menschliches Lebewesen? Gewiß ist es richtig, daß es ohne die Einnistung nicht zur natürlichen Weiterentwicklung des in vitro erzeugten Embryos kommt. Aber ist die Notwendigkeit zusätzlicher Stimuli wirklich ein Argument dafür, daß dem Embryo vor der Einnistung *nicht* bereits jene reale Potentialität zukommt, die uns davon sprechen läßt, daß hier ein neues menschliches Lebewesen zu existieren begonnen hat? Nach dem oben beschriebenen lebensweltlichen und wissenschaftlichen Sprachgebrauch, gemäß dem wir Lebewesen natürlicher Arten identifizieren, ist schon der Embryo in vitro als ein menschliches Lebewesen zu bezeichnen. Denn unzweifelhaft gibt es ihn als individuelles Lebewesen bereits in vitro. Knüpfen wir die Ausdehnung des moralischen Status vom geborenen auf den ungeborenen Menschen an die Dauer der Existenz als Lebewesen in diesem Sinn, kann der Status nicht erst mit der Nidation vorliegen. Doch bleibt die Frage, in welcher Weise wir die Bedeutung des Faktums der Einnistung für die embryonale Entwicklung in ethischer Hinsicht angemessen berücksichtigen. Wie bei der Frage der Mehrlingsbildung bzw. der Individuation stoßen auch hier die übliche Begrifflichkeit und ihre Deutung an eine Grenze, die weiteres Nachdenken erfordert, was aber eine Preisgabe der Deutung des Embryos

---

45 BVerfGE 39, 37.

in vitro als eines menschlichen Lebewesens nicht zu rechtfertigen vermag.

An die Frage nach der Relevanz der Einnistung für den moralischen Status des Embryos in vitro knüpfen sich weitere Fragen bzw. Einwände. Wenn ohne den Akt der Implantation, so ließe sich argumentieren, keine weitere Entwicklung des in vitro hergestellten Embryos möglich ist, hängt dann nicht der Status des erzeugten Embryos von der *Intention seiner Erzeugung* bzw. der *Annahme durch die Mutter* ab?[46] Hat nicht ein Embryo, der nicht zum Zwecke einer Schwangerschaft erzeugt worden ist und bei dem es daher nicht zur Implantation kommt bzw. der nicht darauf angelegt ist, als Kind einer Mutter geboren zu werden, oder dessen Annahme durch die Mutter abgelehnt wird, einen anderen Status als der auf Schwangerschaft und Geburt hin angelegte Embryo?

Bleiben wir bei dem oben ausgeführten Grundgedanken, daß der moralische Status bzw. die Würde an das menschliche Lebewesen gebunden ist, kann diese Überlegung nicht überzeugen. Sie liefe darauf hinaus, daß die Verleihung von Status und Menschenwürde von der Zwecksetzung bei der Erzeugung des Embryos bzw. von dem Akt seiner Annahme abhängig gemacht würde. Eben dies aber widerspricht dem Kern des Menschenrechtsgedankens, daß jedes menschliche Lebewesen gleichermaßen und unabhängig von externen Intentionen in seiner Würde anzuerkennen ist.

Wäre dies aber, so lautet der daran anschließende weitere Einwand, nicht ganz anders zu betrachten, wenn es sich um ein menschliches Lebewesen handelt, das durch die am Schaf Dolly praktizierte Methode, also durch Transfer des Kerns einer Körperzelle in eine entkernte Eizelle, erzeugt wird? Da dieses Lebewesen nicht wie üblich

---

46 Vgl. dazu neuerlich E. Schockenhoff, *Die Ethik des Heilens und die Menschenwürde. Moralische Argumente für und wider die embryonale Stammzellenforschung*, in: Zeitschrift für medizinische Ethik 47 (2001), 235–257.

aus den Keimzellen seiner Eltern, sondern in Form eines zeitversetzten Zwillings des Zellkernspenders entsteht, fällt es bekanntlich noch nicht einmal unter die an der Verbindung der beiden haploiden Chromosomensätze der Eltern orientierte Legaldefinition des Embryonenschutzgesetzes; denn bei dessen Formulierung war die Möglichkeit des Klonens durch Zellkerntransfer noch nicht bekannt. Doch auch hier folgt aus der Art der Erzeugung nicht, daß es sich bei dem Erzeugten nicht um ein menschliches Lebewesen handelt. Ebenso kann die im Fall des sog. therapeutischen Klonens verfolgte Zwecksetzung, einen solchen Embryo nur zum Zweck der Stammzellgewinnung herzustellen, ihn also nicht als Teil einer »natürlichen Biographie« zu betrachten,[47] kein Grund sein, den moralischen Status nicht auch auf einen solchen Embryo auszudehnen. Ohne Zweifel unterscheidet sich die hier vorliegende Zwecksetzung von der Zwecksetzung, im Fall der Unfruchtbarkeit einem bestimmten Elternpaar zur Geburt des gewünschten Kindes zu verhelfen. Doch wenn wir bei der Ausdehnung des moralischen Status vom geborenen auf den ungeborenen Menschen und bei der Bindung des Status an die reale Potentialität des menschlichen Lebewesens bleiben, dann ist auch der durch Zellkerntransfer erzeugte Embryo ein menschliches Lebewesen, was sich nicht zuletzt daran zeigt, daß er jederzeit zu dem Versuch einer reproduktiven Klonierung benutzt werden kann.

Für die Vertreter der *gradualistischen Position* ist die in den diskutierten Einwänden zur Sprache kommende komplexe Prozeßhaftigkeit der embryonalen Entwicklung hinlänglicher Grund, auch den moralischen Status und die daraus folgende Schutzwürdigkeit des Embryos in vitro entsprechend abzustufen, wobei die Mehrheit der Vertreter dieser Position die Einnistung in den Uterus als den Zeitpunkt be-

---

47 *Zweiter Zwischenbericht der Enquete-Kommission Recht und Ethik der modernen Medizin – Teilbericht Stammzellforschung* (Anm. 20), 82 f., s. auch 46 f.

trachtet, zu dem dem Embryo der volle moralische Status zuzuordnen ist. Freilich tendiert diese Mehrheit zugleich dazu, dem Embryo bereits vor diesem Zeitpunkt einen besonderen Status bzw. eine gewisse Schutzwürdigkeit zuzuordnen. Dabei wird entweder auf die bereits vor diesem Zeitpunkt bestehende reale Potentialität des Embryos *in vitro* abgehoben und/oder auf eine Solidarität, die der »Gattung« bzw. der »Menschheit« geschuldet ist, der der Embryo bereits vor und ohne Einnistung zugehört, oder es wird auf eine Vorwirkung der Menschenwürde Bezug genommen in Analogie zur Fortwirkung dieser Würde, wie wir sie am Lebensende beim Umgang mit dem menschlichen Leichnam zugrunde legen.

VII. Resümee

Was haben wir – um zum Schluß zu kommen – mit den bisherigen Überlegungen gewonnen? Den moralischen Status erst dem geborenen Menschen zuzuordnen und ansonsten nur von einem auf den ungeborenen Menschen vorwirkenden Schutz zu sprechen, kann nicht überzeugen. Denn sofern die angeführten Argumente nicht an ihren eigenen Voraussetzungen scheitern, begründen sie eine erst weit *nach* der Geburt erfolgende Zuerkennung des moralischen Status und widersprechen damit den maßgeblichen Intuitionen, die der Menschenrechtsgedanke zum Ausdruck bringt. Wenn der Schutz der Menschenwürde dem Menschen *als Menschen* zukommt, kann sein Beginn nicht von anderen Voraussetzungen abhängig gemacht werden als dem Beginn des Menschseins selbst.

Fragen wirft diese Schutzwürdigkeit in bezug auf die frühe Phase des menschlichen Embryos auf, insbesondere in bezug auf den Embryo in vitro. Wie ist die Anerkennung der Schutzwürdigkeit, die dem menschlichen Lebewesen von seinem Beginn an zukommt, mit der Einsicht in die Prozeßhaftigkeit seiner Entstehung und Entwicklung zu verbinden? Auffallend ist, daß die meisten derjenigen, die für einen der Entwicklung folgenden und insbesondere am Zeitpunkt der Nidation orientierten abgestuften Schutz plädieren, auch den davor liegenden Zeitraum nach abgeschlossener Befruchtung nicht ohne Schutz lassen wollen. Offensichtlich besteht zwischen den diskutierten Positionen des abgestuften und des nicht abgestuften Schutzes eine *Gemeinsamkeit* in der Grundüberzeugung, daß das menschliche Lebewesen zu keinem Zeitpunkt seiner Existenz zu beliebiger Disposition stehen kann und deshalb prinzipiell als schutzwürdig betrachtet werden muß.

Die *Differenzen* setzen bei der Frage ein, wie weit das fundamentale praktische Urteil, das mit dem Gebrauch des Sortalausdrucks »Mensch« verbunden ist und das dem Menschen *als Menschen* einen moralischen Status zuordnet, auf den künstlich gezeugten Embryo auszudehnen ist – oder anders ausgedrückt: ob und in welcher Weise bei diesem Urteil der Prozeßhaftigkeit der embryonalen Entwicklung Rechnung zu tragen ist. Der Unterschied in der Beantwortung dieser Frage ergibt sich nicht aus einer Differenz der dabei zugrunde gelegten Fakten. Denn in beiden Fällen wird das in Frage stehende praktische Urteil nicht aus biologischen oder metaphysischen Fakten abgeleitet. Vielmehr geht es darum, in welcher Weise den zu berücksichtigenden empirischen Annahmen moralische Relevanz zugemessen werden muß: Im einen Fall lautet das praktische Urteil, daß auch bei verbleibender Unsicherheit hinsichtlich des Beginns des menschlichen Lebewesens der Schutz der Menschenwürde die Einbeziehung des Embryos von abgeschlossener Befruchtung an fordert. Im anderen Fall geht das praktische Urteil dahin, diesen Würdeschutz erst ab dem Zeitpunkt einsetzen zu lassen, in dem die reale Potentialität durch Einnistung in den mütterlichen Uterus ihr definitives Gewicht gewonnen hat, und dem vor diesem Zeitpunkt vorliegenden Embryo in vitro nur abgeleiteten Schutz zukommen zu lassen.

Eine solche gradualistische Auffassung steht vor der schwierigen

Frage, wie die moralische Relevanz der für die Abstufung des Status herangezogenen Zäsur angesichts der Tatsache dargetan werden kann, daß der Embryo bereits *vor* dem Datum der Einnistung unzweifelhaft ein menschliches Lebewesen darstellt. Zudem muß sie begründen, inwieweit sich die von ihr eingeräumte begrenzte Schutzwürdigkeit des Embryos *vor* diesem Datum dann noch begründen läßt und ob eine solchermaßen begrenzte Schutzwürdigkeit der Forderung des Menschenrechtsgedankens zu genügen vermag: Kann überhaupt eine dem Embryo in vitro zukommende Schutzwürdigkeit anders gefaßt werden als unter dem Titel der Unverletzlichkeit der Würde, die dem Menschen generell zukommt? Nimmt man eine Vorwirkung des Würdeschutzes nach Art der Fortwirkung in bezug auf den menschlichen Leichnam an, so wird entweder bestritten, daß der frühe Embryo bereits ein menschliches Lebewesen ist, oder aber die Annahme einer solchen Schutzwürdigkeit setzt – wie jede Form einer Antizipation der Schutzwürdigkeit – voraus, daß das Schutzgut unter das Sortalprädikat »menschliches Lebewesen« fällt. Dann läßt sich aber eine Abstufung innerhalb von Status bzw. Würde kaum rechtfertigen. Beschreitet man den Ausweg, zwischen einer nicht abwägbaren und einer abwägbaren Menschenwürde zu unterscheiden,[48] verfehlt man die Pointe im Begriff der Menschenwürde, die ja gerade darin besteht, den Menschen in einer letzten, grundsätzlichen Weise der Abwägung gegen andere Güter zu entziehen.

Umgekehrt muß sich die Auffassung, die dem menschlichen Embryo von abgeschlossener Fertilisation an einen nicht eingeschränkten moralischen Status zuordnet und ihn dementsprechend unter den Schutz der Menschenwürde gestellt sieht, entgegenhalten lassen, daß die Entwicklung von der Befruchtung bis zur Geburt ein Prozeß ist und daß deshalb die Bestimmung des Zeitpunkts, an dem

---

48 Vgl. etwa B. Schöne-Seifert, *Von Anfang an?* (Anm. 22).

das menschliche Lebewesen beginnt, mit schwierigen Fragen verbunden ist. Denn der befruchteten Eizelle und den folgenden frühen embryonalen Stadien ist das Menschsein ja nicht einfach *anzusehen*, vielmehr ist es aufgrund der Kriterien, nach denen ein eigenes menschliches Lebewesen vorliegt, *anzuerkennen*. Nicht ohne Grund folgt das entsprechende praktische Urteil dabei dem tutioristischen Prinzip, im Zweifelsfall der Anerkenntnis den Vorrang zu geben.

Zudem stellt sich die Frage, ob der beschriebenen Prozeßhaftigkeit in der frühen embryonalen Entwicklung nur auf die bereits erwähnte Weise Rechnung getragen werden kann, daß man zur Annahme von einer abgestuften Würde bzw. einer abgestuften Schutzwürdigkeit greift – mit den damit verbundenen Schwierigkeiten –, oder ob man an der Angemessenheit des Würdeschutzes auch für den Embryo in vitro festhält und der Prozeßhaftigkeit in Form einer Berücksichtigung der Umstände Rechnung trägt.

Dies berührt insbesondere den Zusammenhang zwischen dem Schutz der menschlichen Würde und dem Lebensschutz. Geht man von einer Abstufung der Schutzwürdigkeit in der Form aus, daß dem Embryo in vitro nur ein abgeleiteter Schutz zukommt, nicht aber der der menschlichen Würde, eröffnet sich die Möglichkeit der Abwägung dieses *Würdeschutzes* angesichts auf andere Weise nicht erreichbarer hochrangiger Ziele. Und nicht selten scheint die Intuition, daß eine solche Abwägung möglich sein sollte, der Grund für den Lösungsvorschlag zu sein, eine entsprechende Abstufung der Schutzwürdigkeit anzunehmen.

Anders steht es, wenn man die oben an erster Stelle genannte Position eines uneingeschränkten Schutzes einnimmt. Hier stellt sich die Frage, ob und in welcher Weise die Prozeßhaftigkeit der embryonalen Entwicklung Grund sein kann, hinsichtlich des aus dem Würdeschutz folgenden *Lebensschutzes* eine Abwägung für möglich zu halten. Bei dieser Frage sind unterschiedliche Antworten aus der Sicht des gleichen uneingeschränkten Würdeschutzes anzutreffen:

Eine erste Antwort kommt im Ausgang von dem Gedanken, daß das Leben des menschlichen Lebewesens die fundamentale Bedingung für das Vermögen ist, Subjekt zu sein, zu dem Ergebnis, daß ein uneingeschränkter Lebensschutz als geboten zu betrachten ist und eine Einschränkung nur in dem Ausnahmefall zulässig ist, daß Leben gegen Leben steht. Eine zweite Antwort geht davon aus, daß der uneingeschränkte Würdeschutz sich nur entsprechend den Umständen in einen entsprechenden Lebensschutz entfalten kann. Deshalb sei in dem Fall, daß ein Embryo, der zur Herbeiführung einer Schwangerschaft erzeugt worden ist, diesem Zweck aber aus nicht behebbaren Gründen nicht zugeführt werden kann und bei dem daher der Würdeschutz nur noch in der Form des Sterbenlassens zu verwirklichen ist, eine Abwägung des Lebensschutzes angesichts von hochrangigen, dem Lebensschutz dienenden Zielen möglich. Daher stelle es keinen Verstoß gegen den gebotenen Würdeschutz dar, dem Embryo unter diesen eng gezogenen Umständen Stammzellen beispielsweise zu entnehmen, auch wenn dies zur Zerstörung des dem Sterben überlassenen Embryos führt. Dabei wird davon ausgegangen, daß in diesem Fall das aus dem Würdeschutz folgende Gebot des Lebensschutzes sich aufgrund der genannten Umstände anders darstellt als beispielsweise in Fällen infauster Erkrankungen oder moribunder Zustände.

Eine Klärung der hier ohne Zweifel verbleibenden gewichtigen Fragen kann nicht mehr allein mit Hilfe eines Rückgriffs auf den moralischen Status des Embryos erfolgen. Denn sie setzt eine intensivere Beschäftigung mit der Frage voraus, wie sich die aus dem Würdeschutz folgenden Schutzansprüche zu entfalten haben und ob und inwieweit dabei konfligierenden Umständen Rechnung getragen werden kann und muß. Der Rückgriff auf den moralischen Status ist unabdingbar, wenn wir dem Gedanken der Menschenrechte folgen wollen und die dem Menschen eigene Schutzwürdigkeit nicht von einer Zuerkennung durch Dritte, nicht von bestimmten Leistungen oder Eigenschaften, auch nicht von Szenarien der Abwägung abhängig machen wollen, sondern allein auf die Anerkennung des Menschen *als Menschen*, d. h. auf den ihm in seinem Menschsein eigenen moralischen und rechtlichen Status gründen wollen. Sofern wir diesen Status in dem mit der Verwendung des Sortalprädikats »Mensch« verbundenen Werturteil zum Ausdruck bringen und an das menschliche *Lebewesen* binden, spricht alles dafür, ihn mit dem Leben beginnen zu lassen, das dem menschlichen Lebewesen eigen ist.

Otfried Höffe
MENSCHENWÜRDE ALS ETHISCHES PRINZIP

Die Situation ist erstaunlich: Der Gedanke, daß der Mensch
einen Gegenwert hat und dieser Eigenwert, Würde genannt, unantastbar ist, nimmt in der philosophischen Ethik, namentlich der
Rechts- und Staatsethik, einen hohen Rang ein. Trotzdem sind
weder der Gehalt noch der methodische Status des Prinzips Menschenwürde immer klar. Achtet man auf die Dichte der Debatte, so
gehört das Prinzip auch gar nicht zu den Hauptthemen der philosophischen Ethik. Mit Freiheit, Glück, Tugend, Willensschwäche
oder Lust kann es jedenfalls nicht konkurrieren. Dazu kommt die
Befürchtung, das Prinzip sei so stark an die europäische Kultur,
insbesondere ihren jüdisch-christlichen Anteil gebunden, daß es
nicht interkulturell gültig sei, folglich heute und im Zeitalter der
Globalisierung nicht zu einem weltweit verbindlichen Grundsatz
tauge. Denn weltweit verbindlich könne nur ein Grundsatz sein,
den erstens die Anhänger der verschiedenen Religionen und zweitens auch nichtreligiöse Menschen gleichermaßen anerkennen
können.

Deshalb stellen sich der Philosophie mehrere ineinandergrei-
fende Aufgaben: (1) Der Gehalt des Prinzips Menschenwürde ist so
zu entfalten, daß (2) das Prinzip sich als interkulturell gültig erweist,
(3) der Erweis säkular, nämlich unter Verzicht auf religiöse oder
weltanschauliche Vorgaben erfolgt, allerdings so, daß (4) Kernan-
nahmen der Religionen nicht verletzt werden, am besten sogar, daß
sich die Religionen in dem Prinzip wiederfinden können. Davor ist
(5) der methodische Status des Prinzips Menschenwürde zu klären.[1]

---

1 Die folgenden Überlegungen greifen zurück auf: O. Höffe, *Medizin ohne Ethik?*,
Frankfurt a. M. 2002, insbesondere Kapitel 3.

I. Eine Vorbemerkung

Es ist hier nicht der Ort, die Ideengeschichte zu vergegenwärtigen, aus der die Problemkonstellation der heutigen Debatten hervorgeht.[2] Für die folgenden Überlegungen ist eines wichtig: Die Berufung auf die Menschenwürde kann auf eine Religion, eine Weltanschauung oder eine Metaphysik Bezug nehmen – auf sie angewiesen ist sie aber nicht. Insofern erleichtert die Ideengeschichte dem heutigen Gesetzgeber, dem eines religiös und weltanschaulich neutralen Staates, die Aufgabe, die Menschenwürde rein säkular zu begründen und ebenso rein säkular auszulegen, ohne gegen die Religionen einen Affront zu begehen.

Dieser Umstand ist in beide Richtungen von Bedeutung. Weder muß man sich für die Begründung und Anerkennung des Prinzips Menschenwürde auf eine Religion, auf eine Weltanschauung oder eine strittige Metaphysik einlassen. Noch kann man sich von ihm mit dem Hinweis auf derartige Voraussetzungen dispensieren. Auch kann man sich die Polemik gegen den »Vatikan«, den angeblichen »Hochufer moralischer Letztbegründungen«[3] und die gegen »Machtinteressen der Seelsorge«[4] sparen. Ebensowenig überzeugt der von Ronald Dworkin in der Abtreibungskontroverse eingeführte Liberalismus zweiter Stufe.[5]

---

2 Vgl. W. Düring, *Art. Dignitas*, in: Reallexikon für Antike und Christentum, Bd. 3, 1957, 1023–1025; und R. P. Horstmann, *Art. Menschenwürde*, in: Historisches Wörterbuch der Philosophie, Bd. 5, Basel/Stuttgart 1980, 1124–1127.

3 H. Markl, *Freiheit, Verantwortung, Menschenwürde*, Ansprache auf der 52. ordentlichen Hauptversammlung der Max-Planck-Gesellschaft in Berlin, in: Die Welt, vom 22. 6. 2001.

4 V. Gerhardt, *Der Mensch wird geboren*, in: Merkur. Deutsche Zeitschrift für europäisches Denken, Heft 625, 412, 423.

5 R. Dworkin, *Die Grenzen des Lebens. Abtreibung, Euthanasie und persönliche Freiheit*, Reinbek bei Hamburg ²1994, Kap. 6 [engl. Original: *Life's Dominion. An Argument About Abortion and Euthanasia*, London 1993].

Dworkin will von der Zuschreibung fötaler Rechte und Interessen mit dem Argument Abstand nehmen, daß es über den hier einschlägigen inhärenten Wert, die »Heiligkeit« menschlichen Lebens, weltanschaulich unterschiedliche Auffassungen gebe. Denn wer vom Lebensrecht eines Fötus Abstand nimmt, hat seiner angeblichen Neutralität zum Trotz schon Partei ergriffen. Und zusätzlich verleiht er seiner Partei die Ehre, liberal, dem Gegner aber die Unehre, illiberal zu sein.

II. Ein höchstes Moral- und Rechtsprinzip

Methodisch gesehen gehört die Menschenwürde zu jenen schlechthin höchsten Prinzipien, bei denen die üblichen Formen philosophischer und wissenschaftlicher Argumentation versagen. Zu Recht zeichnet sich nach Aristoteles ein Gebildeter nicht primär durch weitläufige Kenntnisse, sondern ein kritisches Methodenbewußtsein aus. Ein Zeichen des Gebildeten ist es, zu wissen, welche Art von Wissen der jeweilige Gegenstand erlaubt.[6] Eine medizinische Diagnose beispielsweise kann man nicht mathematisch beweisen. Und ein Prinzip im strengen Verständnis, ein schlechthin erster Anfang, von dem alles andere ausgeht, ein Grund-Satz, der allen gewöhnlichen Sätzen und Argumenten zugrunde liegt, läßt keinen direkten Beweis zu. Auch die Menschenwürde läßt sich nicht mit Lévinas als Interpretation konkreter Wesen, die Menschenantlitz tragen, begründen.[7] Allenfalls nimmt man das konkrete Antlitz *als* etwas wahr, das die

---

6 Vgl. Aristoteles: *Nikomachische Ethik* I 1, 1094b 22–25; ders. *Über die Teile der Tiere* I 1, 639a 1 ff.; ders. *Metaphysik* IV 4, 1006a 5–8.
7 E. Lévinas, *Humanismus des anderen Menschen*, Hamburg 1989 [frz. Original: *Humanisme de l'autre homme*, Paris 1987]; oder unter Berufung auf Lévinas: R. Adorno, *The paradoxical notion of human dignity*, in: Rivista internazionale di filosofia del diritto, 78, 151–168.

unantastbare Würde verdient – vorausgesetzt, daß man das Prinzip Menschenwürde schon unausgesprochen »mitbringt«. Es handelt sich vielmehr, wie es in der amerikanischen *Unabhängigkeitserklärung* heißt, um eine selbstevidente, aus sich heraus einsichtige Wahrheit. Trotzdem muß das Prinzip erläutert und darf seine Gültigkeit nicht schlicht behauptet werden.

Ein Prinzip im strengen Verständnis heißt auch Axiom, ist aber von den Axiomen einer abgrenzbaren Einzelwissenschaft wie der Mathematik streng verschieden. In der axiomatisch aufgebauten Mathematik eines David Hilbert haben Axiome zwei Eigenschaften: Sie sind widerspruchsfrei und voneinander unabhängig. Ansonsten kann man sie frei, mithin willkürlich festlegen. Hier sind die Axiome austauschbar und bestimmen ein jeweils anderes System von Sätzen; das Parallelenaxiom beispielsweise begründet die Euklidische Geometrie, der Verzicht darauf eine Nichteuklidische Geometrie.

Ein Axiom im philosophischen Sinn ist dagegen ein Satz, der jedem sinnvollen Zweifel enthoben, in einem strengen Sinn glaubwürdig ist. (Das Grundwort *axioun* heißt: für würdig befinden.) Ein philosophisches Axiom ist die eine Bedingung der Möglichkeit von etwas. Das Widerspruchsaxiom beispielsweise ist die negative Bedingung der Möglichkeit allen Denkens und Erkennens. Es ist ein streng allgemeines Denkprinzip, das darüber hinaus auch alle Praxis und alle Kommunikation als gültig voraussetzen.[8]

Die Menschenwürde ist zwar kein höchstes Denk-, wohl aber ein höchstes Moral- und Rechtsprinzip, ein höchstes Sollen. Sie ist in dem Sinn unableitbar, daß es keinen höherrangigen Wert gibt, von dem her im Sinne einer Ableitung zu rechtfertigen wäre. Sie ist jene Grundregel im strengen Sinn von »Grund«, die, methodisch gesehen, alle Men-

---

8 Zur Begründung s. Aristoteles' dialogisches Beweisspiel in Form einer Widerlegung: *Metaphysik* IV 3–4.

schenrechte und Grundrechte legitimiert und, substantiell betrachtet, es ablehnt, daß Menschen für sich und gegen ihresgleichen in einen Abgrund von Barbarei verfallen. Auch wenn für ein derartiges Prinzip weder eine deduktive noch eine induktive Begründung existiert, gibt es doch einige Argumentationsstrategien, die teils Einwände widerlegen, teils mittels Unterscheidung verschiedener Begriffe den Gehalt jener Menschenwürde präzisieren, die angeboren und unveräußerlich, die unteilbar, unverrechenbar und unverlierbar, kurz: unantastbar, ist.

Einige Elemente der Begriffsklärung sind schon *en passant* genannt. Zum einen ist die Menschenwürde kein gewöhnlicher, sondern ein schlechthin höchster moralischer Grundsatz, ein Axiom im Sinne eines Leitprinzips von Moral und Recht. Zum anderen bezieht sie sich zwar auf biologische Eigenschaften, aber ohne selbst eine zu sein. Sie ist etwas, was es zu entdecken, zuzuschreiben und vor allem anzuerkennen gilt. Und im entsprechenden Prozeß, einer Verbindung von Entdeckung mit Zuschreibung und Anerkennung, besteht die Geschichte des wahren, nicht auf Gelehrsamkeit verkürzten Humanismus.

III. Sonderstellung in der Natur

Die Fortsetzung der Begriffsklärung setzt bei der Vor- und Elementarstufe zur Menschenwürde, einer Sonderstellung des Menschen, an: Daß der Mensch im Zusammenhang der Natur steht, daß er beispielsweise, wie man in Westafrika erzählt, mit den Tieren den gleichen Vater hat und sich trotzdem vor allen Naturwesen auszeichnet – diese Sonderstellung ist so offensichtlich, daß von einer erstmaligen Entdeckung schwerlich die Rede sein kann. Man darf extrapolieren und kann zugleich den ersten Einwand entkräften, den fehlender interkultureller Gültigkeit: Zumindest eine Sonderstellung des Menschen ist in einem empirischen Sinn interkulturell anerkannt.

Der biblische Schöpfungsbericht beispielsweise erklärt den Menschen zu Gottes Ebenbild.[9] Unbeschadet seiner Hinfälligkeit liegt ihm, der »nur wenig geringer als ein Gott« ist, die ganze Schöpfung zu Füßen.[10] Freilich soll er sie nicht ausbeuten, sondern – wie auch der *Koran* sagt – sich als »Statthalter Gottes auf Erden«[11] verhalten. Ohne Rückgriff auf religiöse Elemente betont die säkulare Philosophie der Griechen die Logos-Fähigkeit des Menschen, die Sprach- und Vernunftbegabung. Und dieser Umstand, daß es für die Sonderstellung zwei grundverschiedene Zugangsweisen gibt, hilft den zweiten Einwand zu entkräften, das Prinzip Menschenwürde sei nur aus religiösen Vorstellungen, eventuell sogar nur im Rahmen einer Gruppe von Religionen, der sogenannten abrahamistischen Religionen, zu verstehen. Einerseits ist die Sonderstellung nicht bloß dem Judentum und Christentum, sondern auch einer dritten Weltreligion vertraut. Andererseits kann man sie von religiösen Annahmen unabhängig, insofern rein säkular entfalten.

In beiden Traditionen, der Religion und der Philosophie, hat die Sonderstellung zwei Seiten, was die Begriffsklärung einen Schritt weiterführt: Die Sonderstellung ist ein Privileg, das man schon mitbringt, und eine Verantwortung, die man noch tragen muß; sie ist ein Mitbringsel und eine Aufgabe zugleich.

Noch in einer weiteren Hinsicht stimmen Religion und »heidnische« Philosophie miteinander überein. Beide kennen außergewöhnliche Menschen: die Religion beispielsweise Propheten, die Philosophie Naturforscher, Staatsmänner und Philosophen. Als Ebenbild Gottes oder als vernunftbegabt gilt aber schon der gewöhnliche Mensch. Die Sonderstellung gebührt weder nur den Vornehmen und Reichen noch

9   *Genesis* 1, 26–27.
10 *Psalm* 8, 6–7.
11 2, 28.

allein den Erwachsenen oder gar lediglich der damals privilegierten Hälfte, den Männern. Ebensowenig den Mitgliedern der eigenen Religion, eigenen Ethnie oder eigenen Sprachgemeinschaft vorbehalten, wird sie schlicht »dem Menschen« ohne Einschränkung zuerkannt, also jedem Exemplar des Genus. Zumindest im Prinzip findet weder eine partikularisierende – diese Gruppe ja, jene nein – noch eine individualisierende Selektion statt. In diesem Sinn wird man später die Sonderstellung »angeboren« nennen, und man meint damit eine Mitgift, die dem Menschen vor allen individuellen und kollektiven Leistungen zukommt und ihm unverlierbar, das heißt auch bei moralisch schändlichem, selbst lasterhaftem Verhalten, zu eigen bleibt.

Auch als Würde interpretiert, behält die Sonderstellung ihre doppelte Bedeutung. Als angeborenes Privileg ist sie eine unverdiente Würde, die allen Menschen zukommt, während sie als angeborene Verantwortung von jedem noch verdient werden muß. Die Situation ist paradox und doch für den Begriff charakteristisch: Die Menschenwürde ist ein Privileg, dessen man durch seine Lebensweise würdig werden soll und das trotzdem auch der Unwürdige nie verliert. Man kann gegen die Würde anderer zwar verstoßen, was aber illegitim ist. Die Menschenwürde beinhaltet also nicht bloß eine Pflicht gegen sich, sondern auch eine Pflicht gegen andere und komplementär dazu einen Anspruch gegen andere. Zu Recht hält Luhmann sie für »eines der empfindlichsten menschlichen Güter«, zu Unrecht erklärt er sie aber deshalb für »alles andere als ›unanstastbar‹«.[12] Denn die Menschenwürde ist keine empirische Wirklichkeit, sondern eine moralische Forderung, die verletzt werden kann, aber in dem Sinn unantastbar ist, daß sie »unter keinen Umständen« verletzt werden darf. Sie hat den Rang eines kategorischen, nämlich unbedingt: unteilbar, unver-

---

12 N. Luhmann, *Grundrechte als Institution. Ein Beitrag zur politischen Soziologie*, Berlin/Gütersloh ²1974, 69.

rechenbar und unverlierbar gültigen Imperativs. (Nur in Parenthese: Wer einen elementaren Rechts- und Verfassungsgrundsatz kritisieren will, muß vorab seinen methodischen Gehalt erkennen und anerkennen.)

Die Frage, wie weit die Sonderstellung dem heutigen Verständnis der Menschenwürde vorgreift, hängt von der Blickrichtung ab. Wer auf den Zusammenhang mit der Natur achtet, räumt allem Seienden eine Würde ein, freilich nicht dieselbe. Die Würde ist nach dem Rang gestaffelt, der sich seinerseits nach Stufen grundsätzlicher Leistungsfähigkeit bemißt.

Ob von Philosophen oder Theologen vorgetragen – auch der Gedanke einer Rangordnung innerhalb der Natur ist weder an spezifisch religiöse noch an (obsolet gewordene) metaphysische Annahmen gebunden. Keineswegs hängt er von der jüdisch-christlich-muslimischen Annahme einer göttlichen Schöpfungsordnung oder einer mittlerweile überholten Aristotelischen Naturteleologie ab. Ihm liegt vielmehr die erneut säkulare, von einer elementaren Naturkenntnis leicht belegbare Einsicht zugrunde, daß die Naturwesen sich nach Stufen wachsender Differenziertheit und zunehmender Leistungsfähigkeit anordnen lassen: Durchaus mit kontinuierlichen Übergängen folgen auf die nichtlebendigen Wesen jene zielstrebigen chemodynamischen Aggregate, die Lebewesen, die in sich zweckhaft organisiert sind – Zellen »dienen« den Organen, Organe den Organsystemen usw. – und deren Gesamtzweck im Leben und Überleben besteht.

Gegen die Annahme einer Sonderstellung des Menschen drängt sich zwar der Einwand auf, jede biologische Art sei doch insofern einzigartig, als sie die für alle Organismen gleiche Aufgabe, in der Welt zu bestehen, ohne bei jeder Gelegenheit das Leben zu riskieren, auf je eigene Weise perfekt löst. In der Tat ist jede Art wie ein hochartifizieller Seiltänzer, der, auf je anderen Seilen tanzend, sich auf den ihm sachgerechten Tanz versteht. Die Wüstenmaus beispielsweise kommt in ihrer Welt ebenso bestens zurecht wie in den Tropenwäldern das Faultier Aï. Insofern verdienen sie und alle anderen Arten denselben Ehrentitel wie der Mensch; sie sind eine »Krone der Schöpfung«. Trotzdem darf man von Rangstufen sprechen. Wie nämlich die Pflanzen etwas können, was Mineralien verwehrt ist, insbesondere der Stoff- und Energiewechsel und der Formwechsel (vom Wachstum bis zur Reizbarkeit), haben Tiere Fähigkeiten, die wiederum den Pflanzen fehlen: in der Regel Bewegungsvermögen und Empfindungsleben. Innerhalb der Pflanzen- und der Tierwelt muß man dagegen mit Rangstufen vorsichtig sein. Die Wüstenmaus oder aber das Faultier darf man nur dann ranghöher erklären, wenn tatsächlich eine der beiden Arten sich beispielsweise auf kognitiv höhere Leistungen versteht.

Die Primatenforschung lehrt, daß Schimpansen eine kognitiv deutlich höhere Leistungsfähigkeit besitzen: Sie leben in wohlgeordneten Gemeinschaften, verfügen über eine gewisse Lern-, sogar Abstraktionsfähigkeit und können Werkzeuge zumindest verwenden, in (engen) Grenzen auch anfertigen. Drei der klassischen anthropologischen Bestimmungen, das Sozial-, Lern- und Werkzeugwesen, treffen also auch auf sie zu, im Verhältnis zum Menschen allerdings höchst rudimentär. Insofern man selbst Ansätze von Scham beobachtet, sind diese Primaten sogar, freilich erneut nur ansatzweise, auch moralische Wesen. (Und sie verdienen einen entsprechend abgestuften Schutz.)

Allein im Blick auf die unterschiedlichen Leistungsfähigkeiten, also ohne spezifisch religiöse Annahmen, können Naturphilosophie und Naturwissenschaften von Rangstufen sprechen und ihnen eine gestufte Würde zuordnen: die relativ geringste Würde der unbelebten Natur, eine höhere der Pflanzenwelt und eine noch höhere der Tierwelt und in ihrem Rahmen die höchste den Primaten. Eine noch höhere Würde besitzt nur das mehr als bloß rudimentär vernunft- und moralbegabte Lebewesen: der geistige Aristokrat innerhalb der Natur, der Mensch. Sollten sich allerdings auf anderen Planeten des

Universums ebenso vernunftbegabte Wesen finden, so gebührt ihnen dieselbe Würde, weshalb – gegen Peter Singer gesagt – kein moralisch fragwürdiger Gattungsegoismus (»speciesism«) vorliegt.[13] Übrigens dürfte auch der religiöse Gedanke der Gottebenbildlichkeit so zu verstehen sein: daß nicht eine biologische Art kontingenterweise privilegiert wird, sondern daß alle vernunftbegabten Arten aller Planeten und Galaxien des Universums gleichrangig zählen. Der Theologe und Philosoph Thomas von Aquin erklärt jedenfalls, daß der Mensch nicht die Vernunft und den freien Willen habe, weil er Gottes Ebenbild sei, sondern er sei Gottes Ebenbild wegen seiner Vernunft und seinem freien Willen.[14]

Im Stufenbau der Natur ist die Sonderstellung zwar kein Überbleibsel religiöser oder metaphysischer Grenzziehungen. Sie bedeutet aber nur einen relativen und graduellen Rang. Einen absoluten Wert besitzt dagegen niemand, es sei denn ein Wesen absoluter Vollkommenheit. Das ist jedoch nicht der Mensch, sondern allein ein Gott, allerdings nicht der religiöse Gott, etwa der Gott Abrahams, Isaaks und Jakobs, sondern der Gott der Philosophen.

Noch in einer weiteren Hinsicht kann es innerhalb des Stufenbaus eine absolute Würde geben, wenn man nämlich die Blickrichtung wechselt und die Sonderstellung beachtet. Der Begriff der Würde erhält dann aber zwei grundverschiedene Bedeutungen: Eine »relative« Würde hat jedes Wesen, eine (relativ) »absolute« Würde lediglich der Mensch. Das Argument für die Absolutheit der Menschenwürde steht freilich noch aus.

Eine Würde, die sich weder steigern noch abschwächen läßt, eine absolute Würde, ist weit mehr als nur die relativ höchste Würde: Ob

13 P. Singer, *Befreiung der Tiere*, München 1982, Kap. 1 [engl. Original: *Animal Liberation*, London ²1995].
14 *Summa theologiae*, Prol. 1–2.

»Seinswürde« im Stufenbau der Natur, ob »Standeswürde« in einer gesellschaftlichen oder »moralische Würde« in einer moralischen Hierarchie – in all diesen Fällen handelt es sich, von Gott abgesehen, um eine Würde im Plural und im Komparativ (»mehr oder weniger«), um einen Stufenbau der Würden, der vielleicht eine höchste, aber keine absolute Würde kennt.

Daraus folgt übrigens eine für die biomedizinische Ethik klare, für manche vielleicht schmerzliche, in der Sache aber unvermeidbare Alternative: Als absoluter Wert verstanden, kann die Würde nicht zugleich und in derselben Bedeutung einigen Wesen mehr, anderen weniger zukommen. Wer dem Menschen den absoluten Wert der unantastbaren Würde zuspricht, kann Tieren und Pflanzen, selbst gewissen Mineralien einen so hohen Rang einräumen, daß sie nachhaltigen Schutz verdienen. Die Würde im Singular und Superlativ, einen unveräußerlichen Wert, haben sie jedoch nicht. Diese Konsequenz läßt sich topisch, das heißt aus so gut wie allseits anerkannten Grundsätzen, belegen: Mit Ausnahmen von religiös oder ökologisch geschützten, weil vom Aussterben bedrohten Arten, darf man Pflanzen und Tiere kaufen oder verkaufen. Jeder Menschenhandel dagegen, nicht erst der Sklavenhandel, ist ein schweres Verbrechen.

Auch wenn man die Sonderstellung hervorhebt und sie dem ganzen Genus zuspricht, fehlt zum Würdebegriff der modernen Ethik noch viel. Obwohl nämlich nach alttestamentlichem Verständnis *alle* Menschen Gottes Ebenbild sind, gibt es doch ein auserwähltes Volk, sind innerhalb des auserwählten Volkes die Frauen nicht gleichberechtigt und darf es Sklaven, sogar hebräische (Schuld-)Sklaven, geben.[15] (Deshalb ein Caveat: Man darf die legitimatorische Reichweite der bloßen Gottebenbildlichkeit nicht überschätzen.) Ähnlich sieht es mit der Sprach- und Vernunftbegabung aus. Obwohl sie nach philosophi-

15 *Exodus* 21, 1–11.

scher Bestimmung allen Menschen zukommt, vermögen nach Aristo-teles[16] einige lediglich auf die Vernunft anderer zu hören, ohne sie selbst zu besitzen. Wie dort in der Religion, so findet auch hier in der Philosophie eine partikularisierende Selektion statt: Einige Menschen gelten von Natur aus, das heißt mit gutem Grund, als Sklaven.

Das Christentum setzt die Auserwählung zwar von jeder ethni-schen Begrenzung frei. Der Sprengstoff, der in dieser Entgrenzung und Universalisierung liegt, wird aber erst spät gezündet. Die Ungleichheit der Frau, selbst die Sklaverei bleibt noch lange erlaubt: In einem Brief, den der Apostel Paulus dem entlaufenen Sklaven Onesimus an dessen Herrn Philemon mitgibt, bittet er, Onesimus wie einen Bruder, mithin als gleichrangig zu behandeln. Ihn freizulassen, da die Sklaverei ein Unrecht sei, verlangt Paulus nicht. Und teilweise von Theologen un-terstützt, bleibt die Sklaverei in der christlichen ebenso wie der isla-mischen Welt noch viele Jahrhunderte, in den Vereinigten Staaten be-kanntlich weit über die Mitte des 19. Jahrhunderts bestehen. Weder schließen die Theologen aus der Ebenbildlichkeit mit Gott noch die Philosophen aus der Sprach- und Vernunftbegabung auf eine funda-mentale Rechtsgleichheit. Selbst die Mitgiftwürde ist insoweit noch gestaffelt, als der Gedanke von unverlierbaren Menschenrechten als Ausfluß der unantastbaren Menschenwürde noch in weiter Ferne liegt.

IV. Menschenwürde, interkulturell

Das Zeitalter der Globalisierung macht eine Aufgabe dringlich, der sich die Ethik, recht besehen, schon immer stellte: Statt daß eine Kul-tur die anderen besserwisserisch belehre, suche man nach gemeinsa-men Grundlagen. Die dafür zuständigen interkulturellen Moral- und

16 *Politik* I 5 u. a.

Rechtsdiskurse[17] werden durch die Verbindung dreier Strategien erleichtert: Erstens lasse man sich von einem säkularen Denken inspirieren, von der Philosophie, die sich nachdrücklich auf nichts anderes als die allgemeine Menschenvernunft beruft. Zweitens gebe man den verschiedenen Kulturen das Wort. Denn daß etwas, das den Menschen als Menschen auszeichnet, seine Würde, nur einigen Kulturen klargeworden sein soll, klingt wenig überzeugend. Drittens lasse man innerhalb eines rechtsmoralischen Grundrahmens den verschiedenen Kulturen ein Recht auf Besonderheit, ein Recht auf Differenz.[18]

In der Fülle aller Kulturen sind Philosophen nicht zu Hause. Wenn sie sich kundig machen, finden sie aber schon sehr frühe und sehr ferne Belege. In einem altbabylonischen Weisheitstext, im *Rat des Schuruppag*, lesen sie: »Überprüft sei deine Rede, diszipliniert dein Sprechen, das ist die Würde eines Mannes«.[19] Schon vor mehr als dreieinhalb Jahrtausenden ist also von Menschenwürde die Rede. Es ist freilich nicht die Mitgiftwürde, sondern die Verantwortungswürde und bei ihr lediglich die Verantwortung, der der Betreffende tatsächlich gerecht geworden ist. Es ist die Würde einer moralischen Leistung, der Rechtschaffenheit, die für einige charakteristisch ist, für viele aber nicht. Sie ist zudem kein subjektives Recht, das allen Mitmenschen und aller politischen Macht eine Grenze setzt. Sie ist kein rechtserhebliches Privileg, sondern eine Forderung, die zwar an alle ergeht, aber lediglich als Pflicht gegen sich, nicht auch gegen andere besteht. Und nur, wer die Forderung erfüllt, besitzt diese Würde. Auch hier ist die unantastbare Menschenwürde samt unverlierbaren Menschenrechten noch fern.

---

17 Vgl. O. Höffe, *Vernunft und Recht*, Frankfurt a. M. 1996.

18 Vgl. O. Höffe, *Demokratie im Zeitalter der Globalisierung*, München ²2002, Kap. 4.4.

19 Hier nach O. Höffe (Hg.), *Lesebuch zur Ethik. Philosophische Texte von der Antike bis zur Gegenwart*, München ²1999, 37.

Ein zweiter Beleg: Um den Ansprüchen der Menschenrechte zu entkommen, berufen sich ostasiatische Politiker, gelegentlich auch Intellektuelle, auf die ihrer Kultur eigentümlichen »asiatischen Werte«. Und weil diese kulturspezifischen Werte die europäischen bzw. westlichen nicht einschließen, leiten europäische Intellektuelle für die Werte ihres Kulturkreises den Mangel interkultureller Gültigkeit ab. Beispielsweise soll der Konfuzianismus nicht über einen Begriff »des« Menschen verfügen, sondern den Menschen nur in seinen verschiedenen Rollen und Leistungen kennen. Träfe diese Ansicht zu, so fehlte schon der Träger der absoluten Menschenwürde: »der Mensch«. In Wahrheit besitzt nach dem zweitwichtigsten Klassiker des Konfuzianismus, dem im vierten Jahrhundert *vor* Christus lehrenden Meng Zi (Meister Meng), »jeder einzelne Mensch« eine ihm angeborene »Würde in sich selbst«.[20] Da sie in der dem Menschen vom »Himmel« verliehenen moralischen Natur gründet, kann sie vom irdischen Machthaber weder gewährt noch genommen werden. Im Gegenteil ist eine legitime, gerechte Herrschaft an die Achtung dieser Würde gebunden.

Meng Zi erkennt nicht bloß eine absolute, unveräußerliche Menschenwürde an und versteht diese als universale Mitgiftwürde, da er sie in der Moral*fähigkeit* und nicht der *tatsächlichen* Rechtschaffenheit entspringen sieht. Er trifft auch eine Unterscheidung, die für den heutigen demokratischen Gesetzgeber nicht weniger als für den damaligen chinesischen Herrscher gültig und wichtig ist: Als eine »angeborene« Mitgift hat die Menschenwürde einen Geltungsgrund, den keine menschliche Herrschaft aufzuheben vermag. Die Menschenwürde braucht zwar eine Anerkennung durch die Mitmenschen und die Rechtsordnung. Die Anerkennung ist aber nicht dem Belieben an-

---

20 Mong Dsi (Meng Zi), *Die menschliche Natur ist gut*, in: Die Lehrgespräche des Meisters Meng K'o, Köln 1982, 163 f.

heimgestellt; sie steht niemandem frei, sondern ist geschuldet. Eine Rechtsordnung kann sie nicht originär gewähren, wohl aber subsidiär gewährleisten. Und nur wenn sie die Gewährleistung übernimmt, ist sie moralisch legitim: gerecht.

Im Abendland taucht ein erster Beleg für die »Menschenwürde« erst mehr als zweieinhalb Jahrhunderte später auf. In seiner Schrift *Über die Pflichten* knüpft Cicero an die durch die Vernunft bzw. den Geist bedingte Sonderstellung des Menschen an. Er erklärt, was der Sache nach mit der klassischen Moralphilosophie der Griechen übereinstimmt: »körperliche Lust ist der Vortrefflichkeit des Menschen nicht hinreichend würdig«.[21] Wie dem altbabylonischen Weisheitstext, so geht es auch Cicero nur um die Moral einer Person, nicht wie Meng Zi auch um die Gerechtigkeit eines Gemeinwesens. Ebenso achtet er nur auf die wirkliche Moral, nicht auf die Moralfähigkeit, beschränkt die Würde aber nicht wie in Altbabylon auf den, der rechtschaffen ist. Statt dessen besitzt jeder Mensch aufgrund seiner Vernunftnatur eine Würde, die man verletzen, die bezeichnenderweise aber nur das Subjekt selbst verletzen kann: Eine Lebensform des unbeschränkten sinnlichen Genusses ist ein elementarer Verstoß gegen die Vernunftnatur des Menschen, daher mit seiner Würde unvereinbar.

Christliche Theologen setzen die Gottebenbildlichkeit mit Würde gleich und sehen diese durch die Menschwerdung Gottes in Jesus Christus bekräftigt.

Der religiöse Gedanke vom »Statthalter Gottes auf Erden« erlaubt sogar, den Menschen für höher als die Engel einzustufen. Und eine Programmschrift des italienischen Humanismus, der unter dem Titel *Über die Würde des Menschen* bekannte Höhepunkt der Wertschätzung, gibt dieser Einstufung einen säkularen Grund: Da die Würde

---

21 *De officiis*, I 106.

des Menschen in seiner Freiheit besteht, ist nach Pico della Mirandola der Mensch selbst den Engeln vorzuziehen. Denn während diese eine unveränderliche Natur haben, muß der Mensch über seine Lebensweise selbst entscheiden: frei zwischen der Tierheit, der von Cicero kritisierten Hingabe an die Begierde, und der (von der Vernunftnatur eröffneten) Gottheit bzw. Gottähnlichkeit.

V. Die Würde der Naturforschung (Bacon)

Offensichtlich verlieren durch den Gedanken der absoluten Würde weder der relative Begriff noch der Leistungsbegriff ihre Berechtigung. Hier ist an Bacon zu erinnern, der in seinem Reiseroman *Neu-Atlantis* eine wissenschaftlich-technische Zivilisation entwirft, deren Grundmotive uns bis heute mitbestimmen.[22] Den Mittelpunkt bildet eine Forscherrepublik, die im Namen eines moralisch hochwertigen Zwecks, des Wohlergehens der Menschheit, in alle erdenkliche Richtungen experimentiert, sogar eine subhumane Gentechnik betreibt. Dabei denken die Forscher nicht anders als heutige Wissenschaftler und nicht anders als die sie alimentierende Gesellschaft: »but of charity there is no excess«, frei übersetzt: »von einer humanitären Forschung kann es nie genug geben«.

Bacon sieht sich dabei vom biblischen Gedanken des Menschen als Ebenbild Gottes gerechtfertigt. Und weil er damit nicht ganz unrecht hat, zeigt sich eine Mehrdeutigkeit des Gedankens. Als Ebenbild Gottes unterliegt der Mensch weder einem Verbot wissenschaftlicher Neugier, wie es sich in Augustinus' Forderung »religiose quaerere«,[23]

---

22 F. Bacon, *Neu-Atlantis*, Stuttgart 1997 [engl. Original: *New Atlantis*, in: Works, vol. 3, London 1857, 125–166].

23 *Confessiones/Bekenntnisse*, Buch V, Kap. 3.

einem gottesfürchtigen Forschen, andeutet, noch einem Verbot wissenschaftlich-technischer Innovationen. Im Gegenteil findet die Menschenwürde auch in der Naturforschung einen legitimen Ausdruck, und zwar sowohl in der epistemisch freien, nur um der Erkenntnis willen betriebenen als auch der humanitären, menschlichen Zielen dienenden Forschung. Vorausgesetzt ist jedoch, daß sie sich im Rahmen moralisch zulässiger Ziele und Mittel bewegt.

Gemäß einem Titel der Baconschen Forscherrepublik, »Kolleg des Sechs-Tage-Werkes«, soll der Mensch die gesamte Schöpfung nachahmen und beim Nachahmen zugleich vollenden. In der Tat widerspricht ein Forschungsverbot, ab hier und jetzt nicht mehr zu forschen, zwei dem Menschen angeborenen Antriebskräften, zum einen der ihm angeborenen Wißbegier, zum anderen dem kaum minder angeborenen Interesse an Lebenserleichterung und Lebensverbesserung. Denn der Mensch wird nicht bloß als Vernunftwesen, sondern auch Mängelwesen geboren und bleibt es trotz allen Ausgleichs der Mängel sowohl ontogenetisch: sein Leben lang, als auch phylogenetisch: in jeder noch so hochentwickelten wissenschaftlich-technischen Zivilisation.

VI. Kant: Die Würde als absoluter Wert

Über den bisherigen Erläuterungen soll nicht übersehen werden, daß die moralische Rechtfertigung der Menschenwürde noch aussteht. Am überzeugendsten wird sie vom überragenden Denker der neuzeitlichen Moralphilosophie, von Immanuel Kant, entwickelt. In einer selten beachteten Passage der *Kritik der Urteilskraft*[24] übernimmt er den überlieferten Stufenbau der Natur, plaziert den Men-

---

24 1790, §§ 83–84.

schen wie gewohnt an die Spitze, inthronisiert ihn als Herrn über die Natur und erklärt die Herrschaft sogar zu einem moralischen Recht. Den Endzweck der Natur und zugleich ihren »betitelten Herrn« bildet der Mensch aber nicht einfachhin, sondern lediglich »als Subjekt der Moralität«. Ähnlich heißt es in der *Tugendlehre*: »Allein der Mensch, als Person betrachtet, d. i. als Subjekt einer moralisch-praktischen Vernunft, ist über allen Preis erhaben; denn als ein solcher ist er ... als Zweck sich selbst zu schätzen, d. i. er besitzt eine Würde (einen absoluten innern Wert).«[25] Auf diese Weise stellt sich das Privileg des Menschen nicht als ein Sonderrecht dar, vielmehr als eine besondere Verpflichtung; Vorrechte verdient der Mensch nur wegen seiner Pflichtfähigkeit: als moralfähiges Wesen.

Allein dieses Element erlaubt, von der relativen zur absoluten Würde überzugehen. Dabei kommt es nicht auf besondere moralische Verdienste oder Leistungen, sondern auf die Moralfähigkeit im doppelten Sinn an: auf die Fähigkeit, moralisch zu handeln, und die Fähigkeit, bei Verfehlungen gegen die Moral Scham und Schuld zu empfinden. Ihretwegen sagt Kant an einer berühmten Stelle der *Grundlegung zur Metaphysik der Sitten*: »Der Mensch und überhaupt jedes vernünftige Wesen *existiert* als Zweck an sich selbst, *nicht bloß als Mittel* zum beliebigen Gebrauche für diesen oder jenen Willen, sondern muß in allen seinen sowohl auf sich selbst, als auch auf andere vernünftige Wesen gerichteten Handlungen jederzeit *zugleich als Zweck* betrachtet werden«.[26] Daraus ergibt sich eine Formulierung des höchsten Moralkriteriums, des kategorischen Imperativs: »Handle so, daß du die Menschheit, sowohl in deiner Person als in der Person eines jeden anderen, jederzeit zugleich als Zweck, niemals bloß als Mittel

25 1797, § 11.
26 2. Abschn.

brauchst.«[27] Ein Zweck an sich selbst ist keine Sache, für die es einen Marktpreis gibt, auch nicht etwas, das einen Affektionspreis hat, nämlich ein mehr oder weniger großes Wohlgefallen findet. Im Gegenteil hat jeder Mensch als Zweck an sich selbst einen Wert, der nicht gegen andere Werte aufgerechnet werden kann. Über allen Preis erhaben, darf der Mensch »niemals bloß als Mittel« gebraucht werden; er ist ein Wesen, das um seiner selbst willen existiert und entsprechend sowohl handeln als auch behandelt werden soll.

Sachlich gesehen erklärt Kant zunächst nicht etwa die biologische Gattung der Menschen zum Zweck, sondern das, was den Menschen als Menschen ausmacht: die *humanitas*. »Das moralische Gesetz«, heißt es in der *Kritik der praktischen Vernunft*, »ist heilig (unverletzlich). Der Mensch ist zwar unheilig genug, aber die Menschheit in seiner Person muß ihm heilig sein. In der ganzen Schöpfung kann alles, was man will ... auch bloß als Mittel gebraucht werden; nur der Mensch und mit ihm jedes vernünftige Geschöpf ist Zweck an sich selbst. Er ist nämlich das Subjekt des moralichen Gesetzes, welches heilig ist vermöge der Autonomie seiner Freiheit.«[28]

Diese *humanitas* läßt sich nicht mit Hubert Markl[29] unter Berufung auf Jared Diamond durch die Möglichkeit relativieren, den Menschen biogenetisch als dritte Art einer Schimpansengattung, als *pan sapiens*, zu definieren. Die entscheidende *humanitas* liegt doch im Ausdruck »sapiens«. Über die Einsicht, daß dessen Gehalt weder durch ein vorangestelltes »pan« ab-, noch durch ein vorangestelltes »homo« aufgewertet wird, verfügen die von Markl in die Schranken gerufenen Philosophen doch sehr lange. Sie tun es zumindest seit der

27 Ebenda.
28 Akademie Ausgabe, V 87.
29 S. Anmerkung 3.

Zeit, da sie selber dem Spezifikum des Menschen, der *rationalitas*
bzw. dem *logos,* das Tiersein (*animal*) bzw. Lebewesensein (*zôon*)
voranstellen. Bekanntlich lautet der philosophische Begriff des Menschen seit mehr als zwei Jahrtausenden: *animal rationale* oder *zôon
logon echon.*

In der Regel sieht man die Besonderheit des Menschen in der
Sprach- und Vernunftbegabung. Noch für Pascal liegt die ganze
Würde des Menschen im Denken.[30] Kant dagegen unterscheidet
zwischen Verstand und Vernunft. Er leugnet nicht, daß sich der
Mensch durch den Verstand auszeichnet, sich mit seiner Hilfe selbst
Zwecke setzt und er im Verlauf der Gattungsgeschichte ein mit allen
biologischen Arten unvergleichlich hohes Niveau an technischer
und kultureller Leistungsfähigkeit, einschließlich hoher Aggres-
sions- und Destruktionsfähigkeit, entwickelt. In dieser Hinsicht,
als »Tiermensch«, wie Kant sagt, hat der Mensch die unveräußerliche Würde aber noch nicht. Nicht schon als *animal rationale*, als
»Verstandesmensch«, sondern erst als *animal morale*, als »Vernunft-
mensch« im Sinne der moralisch-praktischen, nicht der theoreti-
schen Vernunft, besitzt er den absoluten inneren Wert. (Und der
biblische Gedanke der Gottebenbildlichkeit dürfte ebenfalls primär
die Moralfähigkeit meinen und nicht die technische bzw. instru-
mentelle, auch nicht die pragmatische, am Eigenwohl orientierte
Vernunft.) Und wegen dieser Würde muß man von allen Vernunftwesen Achtung abverlangen, ausdrücklich aber nicht bloß von den
anderen, sondern auch von sich selbst.[31] Nicht etwa als Voraussetzung der Mitgiftwürde oder als ihr Selektionskriterium, wohl aber
als deren Ergänzung ist die Würde auch eine Leistungswürde. Zu

30 *Pensées,* 146 und 365.
31 Vgl. I. Kant, *Tugendlehre,* § 11.

Recht betont Kant einen Gesichtspunkt, den fast die gesamte heutige Ethik verdrängt: Die Würde des Menschen hat eine Innen- und eine Außenperspektive, besser: eine personale und eine soziale Seite. Die Menschenwürde ist sowohl eine Pflicht gegen sich als auch eine Pflicht gegen andere.

»Gleichwie er also sich selbst für keinen Preis weggeben kann (welches der Pflicht der Selbstschätzung widerstreiten würde), so kann er auch nicht der eben so notwendigen Selbstschätzung Anderer als Menschen entgegen handeln«.[32] Es versteht sich, daß das »nicht können« nicht im Sinne fehlender Fähigkeit, sondern als »nicht dürfen« gemeint ist. Wer moralfähig ist – so lautet das stillschweigende Brückenprinzip –, hat das Recht, in seiner Moralfähigkeit anerkannt zu werden.

Eine Sozialphilosophie zeigt, wie die Selbst- und die Fremd-anerkennung wechselseitig ineinander verwoben und aufeinander angewiesen sind. Daraus folgt aber nicht, ein radikal allein leben-der Mensch, ein Robinson Crusoe, wäre nicht zur Menschenwürde begabt. Gewichtige anthropologische Argumente sprechen zwar gegen die Möglichkeit eines derart radikal solipsistischen Men-schen. Dessen Annahme ist deshalb nur ein Gedankenexperiment, das aber die Reichweite der Menschenwürde auch auf dieses Wesen ausdehnt: Sollte es ein radikal allein lebendes, aber moralfähiges Wesen doch geben können, so schuldete es sich selbst ein Leben als Zweck an sich, und dieses selbstzweckliche Leben schlüge bei-spielsweise auf den Umgang mit der subhumanen Natur durch. Der Betreffende würde weder die Natur ausbeuten noch Tiere quälen, vielmehr die Natur nur auf eine moralverträgliche Weise sich nutz-bar machen.

---

32 I. Kant, *Tugendlehre*, § 38.

Der Mensch schuldet jedenfalls sowohl sich selbst als auch jedem Mitmenschen die Anerkennung als Zweck an sich selbst. Und dieses Geschuldetsein besteht in einer Strenge, die Wechselseitigkeit verlangt, ohne bei mangelnder Wechselseitigkeit aufgehoben zu werden. Auch ein Verbrecher bleibt Zweck an sich selbst, behält also Würde. Nicht etwa als Voraussetzung der Mitgiftwürde oder als ihr Selektionskriterium, nur als deren Ergänzung ist die Würde auch eine Leistungswürde.

Weil die Würde, obwohl unveräußerlich, trotzdem Achtung verlangt, kann sie auch mißachtet werden. Diese Mißachtung – besagt aber das Beiwort »unveräußerlich« – läßt sich in keinem Fall rechtfertigen. Stets und überall moralisch verwerflich, sind Ein- und Ausgrenzungen nicht zulässig, weder nach religiösen, ethnischen, kulturellen, medizinischen oder sonstigen Kriterien: Jeder Mensch, bloß weil er Mensch ist, hat denselben Rang wie jeder andere Mensch.

Wer die Menschenwürde bei sich mißachtet, verstößt gegen eine moralische Pflicht gegen sich selbst, wer sie bei anderen mißachtet, gegen eine moralische Pflicht gegen andere, sogar eine rechtsmoralische, also geschuldete Pflicht. Die Menschenwürde eines anderen zu mißachten, das ist bei jedem menschlichen Wesen verwerflich, sowohl bei denen, die für ihre Würde nicht aufkommen können, bei Säuglingen, Geisteskranken und Sklaven, als auch bei denen, die ihre eigene Würde verletzen, etwa indem sie sich einer Sucht hingeben oder aber die Würde anderer verletzen, bei Verbrechern. Die Zugehörigkeit zur Gattung Mensch genügt, daß man auf die volle Achtung der Menschenwürde Anspruch hat.

Ob Menschheit als Zweck oder Menschenwürde – Kant beruft sich nicht auf die jüdisch-christliche Offenbarung oder auf eine andere Religion. Und genau deshalb, als streng säkularer Denker, eignet er sich zum Vordenker für eine pluralistische, selbst für eine multikulturelle Gesellschaft. Man könnte zwar einwenden, bei Kant begründeten die Begriffe ein für die heutige Gesellschaft zu anspruchsvolles Moralver-

ständnis. In der Tat begnügt sich Kant nicht mit Rechtspflichten wie
dem Tötungsverbot oder dem Gebot, eine öffentliche Rechtsordnung,
einen Staat, einzurichten. Er rechtfertigt auch Tugendpflichten wie das
Gebot der Wohltätigkeit und die Verbote von Lüge, Geiz und Krieche-
rei. Er unterscheidet aber enge von weiten Verbindlichkeiten und
schränkt das Recht auf den Bereich der engen Verbindlichkeiten ein.
Zur Moral, die ein Gemeinwesen mit Zwang einfordern darf, zählen
nicht das gute und gelungene Leben, ohnehin keine Vollendungsbedin-
gungen des Menschseins, sondern allein jene Anfangsbedingungen,
die es dem Menschen ermöglichen, überhaupt Mensch zu werden und
Mensch zu sein. Zu Recht beginnt der Grundrechteteil des deutschen
Grundgesetzes mit der »Würde des Menschen«, die »unantastbar« ist.

VII. Und die Bioethik?

Hegel spricht statt von Würde vom »unendlichen Wert« des Menschen. Er bekräftigt, daß dieser Wert dem Menschen, bloß weil er
Mensch ist, zukommt und »nicht weil er Jude, Katholik, Protestant,
Deutscher, Italiener u. s. f. ist«.[33] Wer Hegel gründlich liest, findet
das Thema Menschenwürde sogar auf drei Ebenen wechselseitiger
Anerkennung angesprochen: bei der Anerkennung als gleicher Rechts-
subjekte, als Personen bei der Anerkennung als ungleicher Bedürfnis-
subjekte und bei der verzeihenden Anerkennung des anderen als eines
Wesens von unendlichem Wert.

Auch die *Charta der Vereinten Nationen* meint den absoluten
Wert, wenn sie sich schon im Jahr 1945, also vor dem deutschen
Grundgesetz, auf die Würde und den Wert des Menschen beruft.
Nach der Erfahrung mit zwei Weltkriegen und mit den verbrecheri-

---

33 G. W. F. Hegel, *Grundlinien der Philosophie des Rechts*, § 209.

schen Regimes von Rechts und Links hat die Menschheit auch guten Grund, all denen eine unantastbare Würde zuzusprechen, die Menschenantlitz tragen. Alles andere wäre Willkür, mithin ein Verstoß gegen den unstrittigen Kern aller Gerechtigkeit, das Willkürverbot.

Kants rein säkulare Rechtsmoral enthält ein hohes Maß an kritischem Potential. So übt sie scharfe Kritik an der Sklaverei, der Leibeigenschaft und dem Kolonialismus, auch an einem staatlich verordneten Kirchenglauben. Die biomedizinische Forschung schickt die Ethik aber in Neuland, wenn es auch nicht jenes »pathosbeladene Neuland« ist, das nach neuen Prinzipien oder sogar einem neuen kategorischen Imperativ verlangt. Vielmehr sind längst bekannte Prinzipien auf neue Handlungsmöglichkeiten anzuwenden. Dabei stellt sich eine Frage, die weder die Bibel noch Kant noch die Verfasser der *Charta der Vereinten Nationen* so vor Augen hatten: Wer genau ist jenes Wesen, das Menschenantlitz trägt, deshalb den vollen Lebensschutz und die ihn begründende Menschenwürde verdient? Daß die Zugehörigkeit zur Gattung zählt, daß insbesondere auch den armseligsten, geschundenen, seelisch verwundeten und gesellschaftlich mißachteten Menschen der Lebensschutz und die Menschenwürde zukommen, ebenso den auch noch so stark geistig Behinderten, ebenso auch noch so großen Verbrechern, versteht sich. Daß auch der sich entwickelnde Embryo nach einiger Zeit in einem wahrnehmbaren Sinn Menschenantlitz trägt, zunächst freilich in einem zu interpretierenden Sinn – Kinder kommen von allein nicht darauf –, läßt sich mit medizinischen Mitteln zeigen. Im übrigen gilt schon das Ungeborene als erbfähig, insofern als selbstverständliches Glied der Rechtsgemeinschaft. Und der Schwangerschaftsabbruch ist nach deutschem Recht nur deshalb zwar rechtswidrig, aber straffrei, weil eine Problemkonstellation vorliegt, die die biomedizinische Forschung zweifellos nicht für sich in Anspruch nehmen kann: daß Täter und Opfer eine Einheit in Zweiheit bilden, die durch das Schwert der Strafe wenig geschützt, wohl aber stark verletzt werden kann.

Wie aber sieht es mit dem Anfangsstadium aus, mit jenen Früh-Embryos, mit denen einige Forscher experimentieren wollen, um zunächst die biologischen Grundlagen besser kennenzulernen und um auf Dauer die medizinischen, teils diagnostischen, teils therapeutischen Möglichkeiten zu verbessern? Man muß den Forschern weder Allmachtsillusionen unterstellen noch den Versuch, »Gott zu spielen« (was sie ohnehin nicht können, da sie im Unterschied zu Gott nie »aus dem Nichts« erschaffen, sondern stets nur mit Vorgaben arbeiten). Ebensowenig sollte man wegen angeblich apokalyptischer Folgen in einer Katastrophenpoesie schwelgen. Schließlich sollte man die Bilder von der Büchse der Pandora, vom Zauberlehrling oder vom Dammbruch nicht überstrapazieren. Denn hier liegen nicht Naturgewalten vor, die, einmal losgelassen, ihren eigenen Gesetzen folgen. Es geht vielmehr um bewußte und freiwillige Handlungen, die bewußt und freiwillig gestoppt und durch Vorgaben des Gesetzgebers sogar verboten werden können.

Man darf den Forschern durchaus humanitäre Zwecke zubilligen, freilich ohne sie zu »guten Samaritern« hochzustilisieren. Denn sie helfen ja nicht selbstlos, sondern verdienen mit der Forschung ihren Lebensunterhalt; sie gewinnen, wenn sie erfolgreich sind, wissenschaftliche, sogar politische Ehren; und manche werden dabei wohlhabend. Bei den humanitären Zwecken denken die Forscher übrigens kaum anders als große Teile der Gesellschaft. Gemäß Bacons Maxime: »but of charity there is no excess«, soll den Menschen zu einem immer angenehmeren, sichereren und vor allem an Krankheit und Leid ärmeren Leben verholfen werden. Entscheidend sind vier andere Argumente:

Das erste, der Sache nach ein Vorargument, erinnert an das Gesetz des abnehmenden Grenznutzens: Gemessen am Beitrag beispielsweise zur Lebensverlängerung – freilich kommt es nicht nur darauf an! – erbringt die immer teurere biomedizinische Forschung einen immer geringeren Nutzenzuwachs. Vielleicht darf man, so ein zweites Vorargument, auch an die triviale und doch unübersteigbare Grenze aller biomedizinischen Fortschritte erinnern: daß der Mensch einem Unfall oder einer Gewalttat zum Opfer fallen kann, daß er seelisch verletzlich ist und daß er sterblich bleibt.

Das erste Hauptargument: Die Forschung von heute leistet noch keine konkrete Hilfe. Sie lindert noch kein Leid, weshalb die pathetische Diagnose einer »schuldhaften Verstrickung« nicht zutrifft, man werde entweder an Embryonen oder an Patienten schuldig. Obwohl bis heute nirgendwo auch nur ansatzweise nachgewiesen ist, daß aus der Forschung mit embryonalen Stammzellen zumindest in zehn Jahren irgendein Heilmittel geschaffen werden kann, gibt es Befürworter, die ihren Gegner durch den Vorwurf der Unterlassung erledigen wollen. Denn sie scheuen sich nicht, von Millionen von Kranken zu sprechen, denen sonst eines Tages mit den Erkenntnissen der embryonalen Stammzellenforschung hätte lebensrettend geholfen werden können. Die heutige Forschung legt jedenfalls nur (a) die Grundlage für (b) eine zukünftige und auch dann (c) nur mögliche Hilfe; es sind erst Therapiemöglichkeiten, noch keine konkrete Therapie. Was aber eine akute Nothilfe erlaubt, ist für eine bloß mögliche Hilfe nicht gestattet. Nicht zuletzt ist die (d) in Frage stehende Forderung nicht alternativenlos. Und die Alternative, adulte (ausgewachsene, gewebespezifische) Stammzellen, hat einen Vorteil mehr und einen Nachteil weniger. *Einerseits* löst eine Therapie mit körpereigenen Stammzellen keine Immunabwehr aus. Nach Jan Wilmut, dem Vater von Dolly, scheinen die adulten Stammzellen sogar noch anpassungsfähiger zu sein, als man bisher gedacht hat. *Andererseits* werden sie schon längst therapeutisch eingesetzt: bei Leukämie, Knochenmarkstransplantationen und bei Hauttransplantationen, neuerdings auch bei Herzinfarktpatienten. Außerdem ist es schon gelungen, die begehrten Nervenzellen zu züchten, die zur Behandlung von Parkinson und Morbus Alzheimer nötig sind. Insgesamt erweist sich das Knochenmark, die Haut und das Gehirn erwachsener Menschen und das Nabelschnurblut Neugeborener als überraschend gute Quelle für vielseitige Stammzellen. Sie sind vermehrungsfreudig und eignen sich für den Einsatz im Feld der regenerativen Medizin: der Therapie durch Gewebeersatz. Mit embryonalen Zellen hat man dagegen keine therapeutischen Erfolge vorzuweisen.

Das zweite Hauptargument: Wer helfen will, darf nicht in die Rechte anderer eingreifen, insbesondere nicht in menschliches Leben. Wann genau dieses Leben beginnt, ist zwar umstritten. Es läßt sich jedoch kaum leugnen, daß die Entwicklung einer befruchteten Eizelle die Entwicklung einer lebendigen Substanz ist, die von Anfang an, als befruchtete Eizelle (Zygote) mit dem doppelten Chromosomensatz, das volle Lebensprogramm für die Entwicklung eines Menschen in sich trägt. Das Lebensprogramm des Menschen ist zwar nicht schon der voll entfaltete Mensch selbst. Auch beinhaltet das genetisch vollständige Programm des Embryos nicht, daß das Programm von allein ablaufe. Im Gegenteil braucht es noch einen erheblichen Beitrag des mütterlichen Organismus. Ohne Faktoren, die die Eigenaktivität der befruchteten Eizelle um zusätzliche Steuerungsimpulse ergänzen, überdies Nährstoffe für Wachstum und Differenzierung liefern, bricht die Entwicklung nach etwa fünf Tagen, nach der Ausbildung der Blastozyste, eines Bläschens aus wenig mehr als hundert menschlichen Zellen, ab. Die Symbiose von befruchteter Eizelle und mütterlichem Organismus ist also unleugbar wichtig, vermutlich nicht nur in organischer Hinsicht. Bei fortschreitender Entwicklung dürften psychische, selbst charakterbildende Einflüsse hinzukommen. Ohnehin führt nicht jede Befruchtung zu einer Schwangerschaft; nicht jeder Embryo ist lebensfähig.

Schon deshalb ist es wichtig zu betonen, daß Gene nicht alles sind, was der Mensch zur Menschwerdung braucht. Aktivierungsimpulse und Nährstoffe haben aber nicht annähernd den Rang wie das in der genetischen Ausstattung enthaltene Lebensprogramm. Was Kritiker als »bloßen Zellhaufen« abtun wollen, trägt von Anfang an, als befruchtete Eizelle mit dem doppelten Chromosomensatz, das volle genetische Programm für die Entwicklung eines Menschen in sich. Das Programm liegt tatsächlich rundum vor, in seiner notwendigen und zureichenden Gestalt. Es bedarf keiner genetischen Nachbesserung, es wird auch keine Nachbesserung vorgenommen. Allenfalls gelangt ein Teil der befruchteten Eizellen nicht bis zur Einnistung, und ein anderer Teil wird auch nachher noch abgestoßen.

Niemand bestreitet, daß ein Programm nicht mit seinem Ergebnis gleichzusetzen ist; das volle Lebensprogramm des Menschen ist nicht schon der voll entfaltete Mensch selbst. Das Programm beinhaltet aber etwas grundlegend anderes; es ist im wörtlichen Sinn radikal, nämlich bis zu den Wurzeln mehr als beispielsweise die Potentialität eines Marmorblocks für eine Statue. Die Statue entwickelt sich nicht selbst aus dem Marmor heraus; ohne den Künstler, dessen Pläne und Arbeit, oder ohne sehr zufällige natürliche Erosionen bleibt sie ein Marmorstück. Punkt. Die befruchtete Eizelle entwickelt sich dagegen von innen heraus durch einen vom Früh-Embryo selbst gesteuerten Lebensprozeß.

Auch wenn sie Zusatzimpulse, ohnehin Nährstoffe brauchen, entwickeln sich die Eizellen von innen heraus. Weil sie nicht irgendein Zellhaufen, sondern Wesen sind, die die Entwicklung zum Menschen schon in sich selbst tragen, verdienen die Früh-Embryos den Lebensschutz und ist ihnen der Rechtfertigungsgrund des Lebensschutzes, menschliche Würde, zuzusprechen. Nachdem man das Lebensprogramm in die Welt gesetzt hat, trägt jeder Einschnitt, den man irgendwo vornimmt, Willkür in sich, wogegen das gerechtigkeitsgebotene Willkürverbot Bedenken erhebt. Es liegt auch zweifelsfrei *menschliches* Leben vor, und menschliches Leben ist der Verfügung anderer entzogen.

Ohne den Sachverhalt der selbstgesteuerten Entwicklung abzustreiten, berufen sich Kritiker[34] auf den Umstand, daß der Mensch sich nur in engster Verbindung mit einem mütterlichen Körper entwi-

34 Markl, s. Anmerkung 3.

ckele. Ist dieser Umstand für die Menschwerdung im strengen Sinn wesentlich? Ein Gedankenexperiment spricht dagegen: Man stelle sich vor – in ferner Zukunft –, daß man die Aktivierungs- und Nährstoffaufgaben des mütterlichen Organismus so genau kenne und künstlich zustande bringe, daß nicht bloß die Befruchtung, sondern auch die Weiterentwicklung in vitro möglich ist. Weil die natürlichen Prozesse hochkomplex, folglich höchst gefahrenbelastet sind, könnte eine umsichtige Menschheit sie verbieten. Es kann aber sein – so setzt sich das Gedankenexperiment fort –, daß sich jemand über das Verbot kriminell hinwegsetzt. Wird man dem in vitro entwickelten Lebewesen, sobald es außerhalb lebensfähig ist, das Menschsein im strengen Sinn absprechen dürfen? Da die Antwort zweifelsohne »Nein« lautet, ist folgende Einschätzung sachgerechter: Einerseits ist der menschliche Embryo so intensiv auf den Mutterleib angewiesen, daß die In-vitro-Entwicklung schwere Schäden befürchten läßt. Andererseits ist die Abhängigkeit nicht im strengen, philosophischen Sinn von »substantiell« substantieller Natur.[35] Denn der bloß künstlich, aber voll entwickelte Embryo wäre doch als Mensch anzusehen und nicht als ein Monster, dem wir die Gattungszugehörigkeit verweigern dürften.

Mit einem dreiteiligen Anschlußargument setzt der Biologe Hubert Markl seine Kritik fort: Er beruft sich zunächst auf eine biologisch unstrittige Tatsache: »daß sich nur ein Bruchteil befruchteter Eier tatsächlich im Uterus einnisten kann.« Sodann gibt er der Tatsache eine plausible, aber nicht ganz unstrittige Interpretation als natürliche Zweckmäßigkeit: »um möglichst nur gesunde und voll entwicklungsfähige Keime zur Entwicklung kommen zu lassen.« Schließlich leitet er daraus ab: »Die eigentliche ›biologische Entscheidung‹ zur Menschwerdung fällt daher tatsächlich mit der Einnistung der Keime im Uterus, nicht schon mit der Befruchtung.«

---

35 Gegen Gerhardt 2001, s. Anmerkung 4.

Bei diesem Argument fallen die genuin biologischen Anteile nicht in die Kompetenz des Philosophen. Die Schlußfolgerung verläßt aber die genuin biologische Kompetenz, so daß der Philosoph nachfragen darf: Leuchtet nicht aufgrund der biologischen Tatsachen eine andere, gehaltlich komplexere Folgerung ein? Erstens fällt mit der Befruchtung eine biologische Entscheidung zur Menschwerdung. Zweitens handelt es sich insofern um keine Finalentscheidung, als nach der Befruchtung noch manches »passieren kann«. Zu den Möglichkeiten gehört aber drittens nicht bloß die Nichteinnistung, sondern auch eine Fülle von spontanen Frühabgängen, was die Frage aufdrängt: Wieso liegt die »eigentliche biologische Entscheidung zur Menschwerdung« nicht noch später, statt bei der gelungenen Einnistung beim Überschreiten jener Frist, in der es noch zu spontanen Frühabgängen kommt? Und die Anschlußfrage lautet: Wo genau läge die Frist?

Viertens übergeht Markl, daß die Auswahl der befruchteten Eier, denen die Einnistung gelingt, von anderen, denen sie mißlingt, die Wahrscheinlichkeit gesunder Keime zwar erhöhen dürfte. Die Forschung an embryonalen Stammzellen verfolgt aber unmittelbar ein reproduktionsunabhängiges Ziel: nicht eine erhöhte Wahrscheinlichkeit gesunder Keime, sondern das bessere Verständnis frühembryonaler Prozesse.

Fünftens wird die Gegenposition weit überzeichnet. Statt sich angeblich »blind hoffend und leidend dem Naturgeschehen auszuliefern«, wird zumindest die von Markl genannte natürliche Auswahl genetisch schadhafter Keime in hohem Maß gewahrt. Bei der immer noch überwiegenden Zahl, heute bei schätzungsweise 99 Prozent, nämlich bei allen natürlichen In-utero-Befruchtungen, bleibt die Selektion durch spontane Nichteinnistung oder spontanen Frühabgang erhalten. Schließlich plädiert der ernsthafte Gegner nicht für eine »als hochmoralisch bewertete willenlose Hinnahme jedes Zufallsunglücks in der Beschaffenheit« des Gensatzes. Denn nicht jede Therapie genetischer Defekte wird als moralisch verwerflich hingestellt, wohl aber der Rückgriff auf eine verbrauchende Embryonenforschung.

Die von Markl beschworene Einsicht, daß der Mensch »seit jeher ein Wesen« ist, »das seine Grenzen überschreiten muß«, versteht sich für den (Moral-)Philosophen seit langem. Dasselbe gilt freilich für die komplementäre Einsicht, daß dem Überschreiten der Grenzen seinerseits Grenzen gesetzt sind. Und zu derartigen Grenzen gehört, bislang noch unbestritten, der Schutz des menschlichen Lebens.

Nicht zuletzt ist an das Leitziel medizinischer Forschung zu erinnern, den Dienst am menschlichen Leben. Ärzte und medizinische Forscher stehen nicht bloß in der allgemeinmenschlichen Pflicht, menschliches Leben zu schützen, vielmehr hat bei ihnen diese Pflicht einen berufskonstituierenden Rang: Arztsein heißt, für das menschliche Leben tätig zu sein. Und wie der zweite hippokratische Grundsatz besagt, besteht das Minimum des selbstgewählten Auftrages im *primum nil nocere* (als erstes nicht schädigen).

Offensichtlich sind diese Argumente der Macht eines Gesetzgebers entzogen. Überdies halten sie einem interkulturellen Moral- und Rechtsdiskurs stand, namentlich die beiden Hauptargumente: der Vorrang des elementaren Lebensschutzes (Tötungsverbotes) vor dem Hilfsgebot und der Umstand, daß mit der Verschmelzung von Samen- und Eizelle das im strengen Sinn *menschliche* Leben beginnt. Der Gesetzgeber beweist daher seine (Leistungs-)Würde, wenn er die (Mitgift-)Würde für alles menschliche Leben anerkennt.

DIE AUTOREN

Otfried Höffe

geboren 1943, ist Professor für Philosophie und Leiter der Forschungsstelle Politische Philosophie an der Universität Tübingen. Im Jahr 2001 erschienen: *Kleine Geschichte der Philosophie*; »*Königliche Völker*« – *Zu Kants kosmopolitischer Rechts- und Friedenstheorie*; *Gerechtigkeit.*

Ludger Honnefelder

geboren 1936, lehrt Philosophie an der Universität Bonn und ist u. a. Direktor des Instituts für Wissenschaft und Ethik an der Universität Bonn. Bei DuMont erschien im Jahr 2001 der zusammen mit Peter Propping herausgegebene Band *Was wissen wir, wenn wir das menschliche Genom kennen?*

Josef Isensee

geboren 1937, lehrt seit 1975 Rechtswissenschaft an der Universität Bonn. 2001 erschienen: *Subsidaritätsprinzip und Verfassungsrecht*; *Außenvertretung der deutschen Rechnungshöfe in der Europäischen Union.*

Paul Kirchhof

geboren 1943, ist Professor für Rechtswissenschaft an der Universität Heidelberg. Von 1987 bis 1999 war er Richter des Bundesverfassungsgerichts und Mitglied des Zweiten Senats.

Im Jahr 2000 erschienen: *Besteuerung im Verfassungsstaat* und im Jahr 2001: *Entscheidungszuständigkeiten und Verantwortlichkeiten in der Europäischen Union und ihren Mitgliedstaaten.*

Sachbücher bei DuMont

**WAS WISSEN WIR, WENN WIR
DAS MENSCHLICHE GENOM KENNEN?**
Herausgegeben von Ludger Honnefelder und Peter Propping
328 Seiten, broschiert, 2001

Im Februar 2001 wurde die Entschlüsselung des menschlichen Genoms abgeschlossen. Weltweit wurde das Ereignis als ein Durchbruch gefeiert, der Einsicht in bislang verborgene Grundlagen des Lebens eröffnet. Zugleich aber wurde deutlich, dass wir die größeren Zusammenhänge noch nicht kennen, in die das Genom eingebettet ist. Wir stehen erst am Anfang des Versuchs, das neue Wissen zu verstehen und einzuordnen.

Ist mit der Entschlüsselung des menschlichen Genoms ein neues Zeitalter der Lebenswissenschaften und der »Machbarkeit« angebrochen? Was bedeutet das gewonnene Wissen für unsere Vorstellungen von uns selbst? Können wir die Grenzen überschreiten, die bislang die ererbte Natur zum Schicksal werden ließ?

Diese Fragen stellen eine Herausforderung dar an Wissen und Verstehen, Selbstdeutung und Selbstbegrenzung des Menschen. Die Suche nach ihrer Antwort wird die kommenden Jahre bestimmen. Sie ist nicht ohne ein neues Gespräch der Wissenschaften untereinander und nicht ohne Debatte der Gesellschaft möglich.